CONTROLA
TU MENTE

CONTROLA TU MENTE

LIBÉRATE DE LOS PENSAMIENTOS TÓXICOS QUE TE LIMITAN

Jennie Allen

ORIGEN

Título original:
Get Out of Your Head: Stopping the Spiral of Toxic Thoughts

Primera edición: noviembre de 2020

Esta traducción es publicada bajo acuerdo con WaterBrook,
sello editorial de Random House, una división de Penguin Random House LLC
Publicado en asociación con Yates & Yates, LLP, abogados y consejeros, Orange, CA, www.yates2.com

© 2020, Jennie Allen
© 2022, Penguin Random House Grupo Editorial USA, LLC.
8950 SW 74th Court, Suite 2010
Miami, FL 33156

Traducción: María José Hooft
Adaptación del diseño de cubierta de Mark D. Ford and Kelly L. Howard:
Penguin Random House Grupo Editorial
Ilustración: Magnia / Shutterstock.com

A menos que se indique lo contrario, todas las citas bíblicas son tomadas de la Versión Reina Valera
1960 (RV60) © Sociedades Bíblicas en América Latina, 1960. Renovado © Sociedades Bíblicas
Unidas, 1988. Otras versiones utilizadas por orden de aparición son Reina Valera
Contemporánea (RVC) Copyright © 2009, 2011 by Sociedades Bíblicas Unidas y Santa Biblia,
NUEVA VERSIÓN INTERNACIONAL* NVI* © 1999, 2015 por Biblica, Inc.*, Inc.*
Usado con permiso de Biblica, Inc.* Reservados todos los derechos en todo el mundo.

ISBN: 978-1-64473-278-6

Impreso en Estados Unidos / *Printed in USA*

23 24 25 26 27   10 9 8 7 6

Para el hombre que siempre me ayuda a controlar mi mente.
Zac Allen, tú me salvas de mí misma constantemente
y siempre me señalas a Jesús.
Te amo y me encantas.

Transfórmense por medio de la renovación de su mente

ROMANOS 12:2 (RVC)

Eso significa que es posible.

CONTENIDO

PARTE TRES
PIENSA COMO JESÚS

PARTE UNO

Todos los pensamientos

1

PIENSA EN LO QUE PIENSAS

«Llevar cautivo todo pensamiento». Dicen que una persona escribe libros por dos razones: porque es experta en el tema o porque ese tema le desespera de tal manera que pasa años buscando las respuestas. Sin dudas, la última opción es la que me define.

Esta mañana me desperté con la intención de escribirte. *Pero primero necesito pasar tiempo con Dios*, pensé. ¿Qué hice, entonces? Tomé mi teléfono. Encontré un correo electrónico sobre algo en lo que estaba trabajando. En este, el remitente hacía una crítica "constructiva" sobre mi trabajo. En el momento en que decidí dejar mi teléfono, algo más llamó mi atención… y, cuando me pude dar cuenta, estaba en Instagram, viendo las glorias y victorias de los demás en contraste con mi trabajo en curso, que parecía no estar a la altura. Al pasar unos minutos con mi teléfono decidí que no era una buena escritora, estaba invirtiendo mi vida en alcanzar logros sin importancia, porque yo no era importante, no tenía nada para decir. Estaba hundiéndome en el desánimo.

Luego, mi esposo, Zac, llegó feliz después de su encuentro con Dios y yo le contesté de mala manera. Mi espiral comenzó a girar más rápido y de forma más caótica. En menos de una hora me había menospreciado a mí misma, había criticado mi propio trabajo, había decidido abandonar el ministerio, había ignorado a Dios y había alejado a mi mayor defensor y amigo.

¡Guau! Brillante, Jennie. ¿Todo eso solo en una mañana? ¿Y ahora quieres ayudarme con mis pensamientos caóticos? Bueno, te entiendo. Imagino que toda mi vida tendré que lidiar con esto. Sin embargo, gracias a los descubrimientos que tengo para compartir aquí contigo, en lugar de que esos pensamientos me robaran un día, una semana o varios años... solo una hora bastó para generar un cambio en mi mente.

No me quedé paralizada. Estoy libre, alegre y escribiéndote a ti.

Quiero que sepas que tú tampoco tienes que quedarte atascada. Dios siempre crea un camino para que escapemos de esa espiral, solo que no siempre lo tomamos. Hemos creído la mentira de que somos víctimas de nuestros pensamientos en lugar de ser como guerreros equipados para luchar al frente de la batalla más grande de nuestra generación: la batalla con nuestra mente.

El apóstol Pablo entendió la guerra que tiene lugar en nuestros pensamientos, entendió cómo nuestras circunstancias e imaginación pueden convertirse en armas que atentan contra la fe y la esperanza. La Biblia registra la declaración audaz de que debemos «llevar cautivo todo pensamiento a la obediencia a Cristo».[1]

¿Llevar cautivo todo pensamiento? ¿Eso es posible? ¿Lo has intentado alguna vez?

Una vez, un pájaro entró en nuestro pequeño hogar y no podíamos hacer que se fuera. Nos llevó más de una hora de trabajo en familia atrapar a ese pequeño gorrión. ¿Dispararle con una pistola de aire comprimido? Eso es fácil, pero capturar a ese pajarito salvaje agitando sus alas por toda la casa era una tarea completamente diferente y casi imposible.

¿Cuánto más difícil puede ser capturar al vuelo a un pensamiento que anda sin riendas? Sin embargo, el libro en el que edifico mi vida me dice que capture *todos mis pensamientos, ¿cada uno de ellos?*

¿Dios está hablando en serio?

¿Acaso eso es posible? Porque, honestamente, mis pensamientos corren de forma más salvaje que ese gorrión hiperactivo.

Y los tuyos también. Veo el mismo caos salvaje en tus ojos y en los de casi todas las mujeres que he conocido. Como esa joven con tanto dolor que se sentó frente a mí esta semana, hundiéndose en la ansiedad con la que estaba luchando desde hace dos años. Ella me miraba como suplicando: «Ayúdame. ¡Dime qué hacer!».

—No quiero vivir con ansiedad —dijo—. Estoy asistiendo a consejería, curso el estudio bíblico, estoy dispuesta a tomar medicación, quiero confiar en Dios. ¿Por qué no puedo cambiar? ¿Por qué me siento atrapada en todo esto?

¡Dios mío, yo me identifico con ella y he luchado con lo mismo!

Es increíble si lo piensas: ¿cómo es que algo que no podemos ver puede controlar de ese modo quiénes somos? ¿Cómo puede llegar a determinar qué sentimos, qué hacemos, lo que decimos o no decimos, cómo nos movemos, cómo dormimos, comunicar lo que queremos, lo que odiamos y lo que amamos?

¿Cómo es que solo el montón de tejidos entrelazados que alojan esos pensamientos pueden contener todo lo que nos hace ser quienes somos?

Es importante aprender a llevar cautivos nuestros pensamientos **porque la forma en que pensamos moldea la forma en que vivimos.**[2]

LOS PATRONES QUE NOS MANTIENEN ATRAPADAS

El tema de la neurociencia me ha cautivado durante años, desde que una de mis brillantes hijas comenzó a enseñarme acerca de la ciencia del cerebro. Cuando Kate, que ahora está en sus primeros años de secundaria, estaba en séptimo grado, llegó de la escuela una tarde y nos anunció a sus dos hermanos, a su hermana, a mi esposo Zac y a mí que ella iba a curar la enfermedad de Alzheimer algún día.

Todos sonreímos, pero años después aún continúa leyendo libros y artículos acerca del tema; escucha todas las charlas TED que hablan acerca del cerebro y comparte investigaciones conmigo. Siempre viene con cosas como...

¿Sabías que se ha descubierto más acerca de la mente en los últimos veinte años que en todos los años anteriores?

¿Sabías que aproximadamente entre el 60 % y el 80 % de las consultas a médicos clínicos tienen alguna relación con el estrés?[3]

¿Sabías que las investigaciones muestran que el «entre el 75 % y el 90 % de las enfermedades mentales, físicas y de conducta provienen de los pensamientos»?[4]

¿Sabías que, con lo que conocemos del cerebro hoy en día, cuando la Palabra habla del corazón, en realidad podría estar hablando de la mente y las emociones que experimenta nuestro cerebro?

No, Kate, no lo sabía, pero es muy interesante.

La verdad es que es *muy* interesante para mí.

En algún momento del camino, la fascinación de Kate también se volvió mía, porque ella me enseñó que lo que está aprendiendo en ciencias también está escrito a lo largo de la Biblia, y muchas de las verdades que hay allí con respecto a nuestros pensamientos están avaladas por la ciencia. Todo esto se vuelve cada vez más importante a medida que comienzo a entender la idea de que tomar el control de nuestra mente puede ser la llave para encontrar paz en las otras áreas de nuestra vida.

Durante años, he estado sumergida en la dirección de IF:Gathering, la organización que creo que Dios me impulsó a comenzar para discipular a las mujeres y capacitarlas para discipular a otras. Amo nuestra comunidad, nuestros encuentros y el impacto que aparentemente estamos teniendo, pero, con el tiempo, vi que había una tendencia preocupante entre las mujeres a las que amaba y servía todos los días.

Ellas sentían la convicción durante un evento o mientras trabajaban con nuestros recursos de discipulado y rendían su vida por completo a Jesús. Elevaban las alas de esa decisión por una semana, un mes, a veces un año o hasta dos, pero, inevitablemente, en algún punto, volvían a sus viejos hábitos o patrones de vida. Tal vez entiendes exactamente a lo que me refiero.

Tal vez en este mismo momento estás pensando en esa relación tóxica de la que finalmente lograste salir, pero luego, en un instante de debilidad, regresaste.

O, por fin encontraste paz en una época de tu vida para nada agradable, pero ahora tus emociones comienzan a hundirse nuevamente y todo lo que haces es quejarte.

O, con convicción cumpliste el propósito de dejar de mirar pornografía, pero semanas después lo retomaste.

O, reconociste un patrón de crítica hacia tu esposo, renunciaste a eso y realmente comenzaste a cambiar… pero volviste al mismo lugar en el que comenzaste.

¿Por qué los cambios que tantas mujeres desean hacer con desesperación no permanecen en el tiempo?, me pregunto.

Y, ¿por qué sigo luchando con los mismos miedos, patrones negativos y otros pecados con los que vengo lidiando hace años?

Incluso mientras observaba este efecto búmeran a grandes rasgos, también tenía amigas muy queridas, mujeres que conocía muy bien, que parecían luchar contra las mismas cuestiones año tras año. Cada vez que nos juntábamos, oía la misma canción, quinientas veces lo mismo.

¿Qué es lo que no les permite prosperar? ¿Por qué no pueden avanzar? Los descubrimientos de Kate a medida que seguía estudiando el cerebro sugerían una fuerte posibilidad:

Todo está en nuestra cabeza.

ROMPER LA ESPIRAL

Hay mucho que no conocemos acerca del cerebro, pero también, como dice Kate, hemos aprendido más acerca de él en los últimos veinte años que en los dos mil años anteriores. Alguna vez creímos que la mente era algo inmutable. Pensábamos que el cerebro con el que habíamos nacido y la forma en que funcionaba (o no) "simplemente era así"; no tenía sentido preocuparse por algo que no se podía cambiar. Ahora sabemos que **el cerebro está cambiando constantemente, sea que lo deseemos o no.**

Deseosa por descubrir la forma en que las mujeres podemos liberarnos de nuestros patrones problemáticos, comencé a leer libros apasionantes sobre la mente, las neurociencias y cómo hacer verdaderos cambios. Miré las charlas TED que Kate me indicaba acerca de la plasticidad de nuestro cerebro.

Escuché *podcasts*.

Miré documentales.

Hablé con especialistas.

Comencé a ver un patrón en acción en muchas de nosotras. Nuestras emociones nos llevaban a pensamientos; esos pensamientos dictaminaban nuestras decisiones; nuestras decisiones determinaban conductas; luego las conductas moldeaban nuestras relaciones y, todo eso, podría llevarnos a tener pensamientos positivos o negativos.

Esa espiral nos hace girar y girar, hundiéndonos, aparentemente fuera de control, y nuestras vidas comienzan a definirse por este ciclo sin fin.

Es un ciclo depresivo…

A no ser que haya una forma de interrumpirlo.

¿Cuántas de nosotras gastamos toda nuestra energía en conversaciones, consejos y oraciones para intentar cambiar lo más instintivo que hay dentro nuestro (nuestras emociones) sin tener éxito?

Si tú te sientes triste y yo te digo que no te sientas así, ¿eso mejora algo?

¿Qué pasa si, en lugar de invertir nuestra energía en intentar solucionar los síntomas, vamos a la raíz del problema, incluso más allá de las emociones que parecen comenzar nuestros ciclos? En realidad, nuestras emociones son el resultado de otra cosa.

Nuestras emociones son el resultado de la forma en que pensamos.

La buena noticia es que podemos cambiar nuestra forma de pensar. Eso nos dice la Biblia. Un versículo dice: «No adopten las costumbres de este mundo, sino transfórmense por medio de la renovación de su mente».[5]

Al sumergirme profundamente en la actividad interna del cerebro confirmé lo que dice la Biblia: podemos llevar cautivo cada pensamiento. No solo es posible cambiar los pensamientos, sino que las únicas que podemos hacerlo somos *nosotras*.

El problema es que, muchas veces, nos sumergimos en esta espiral sin conocer el lugar al que pueden llevarnos nuestros pensamientos con el tiempo. El reconocido teólogo puritano John Owen decía que la meta del enemigo en el pecado es la muerte. Sus palabras textuales fueron: «Mata al pecado o él te matará a ti».[6] Es hora de luchar.

Una persona promedio tiene más de treinta mil pensamientos al día. De ellos, muchos son negativos y, «según los investigadores, la gran mayoría de las enfermedades que nos afectan hoy en día son el resultado directo de un pensamiento tóxico».[7]

La espiral es real y contiene más pensamientos de los que, aparentemente, podemos manejar.

EMOCIÓN

PENSAMIENTO

CONDUCTA

RELACIONES

CONSECUENCIA

Ahora bien, ¿qué pasaría si en lugar de intentar llevar cautivos todos los pensamientos, hacemos cautivo a uno solo de ellos?

¿Qué pasaría si te dijera que existe un pensamiento hermoso y poderoso que puede cambiar esa espiral caótica de tu vida para mejor cada vez que lo tienes? ¿Qué pasaría si pudieras agarrarte de una verdad capaz de detener las mentiras que te hacen sentir impotente de gobernar tu cerebro?

Un solo pensamiento. ¿Podrías hacerlo?

Ese pensamiento existe. Hablaremos de eso más adelante.

Entiendo que, a pesar de lo directa que fue mi pregunta (que puedes sostenerte de una verdad para enfocar tu mente), lograr hacerlo no es algo fácil. ¿Por qué? Porque hay un ataque constante en esos tejidos entrelazados que te hacen ser quien eres. **La batalla espiritual más grande de nuestra generación se libra dentro de nuestra cabeza.**

El enemigo sabe la importancia que tiene lo que creemos y pensamos. Por eso está empeñado en meterse en tu cabeza para evitar que hagas el bien y, así, hundirte tan hondo que te sientas indefensa, abrumada, apagada e incapaz de levantarte y marcar una diferencia para el reino de Dios.

Aun si eres una de esas personas que no se apagan y caminas amando a Dios y a la gente, hay un millón de pensamientos tóxicos que te acechan a cada paso.

Ya sea que te sientas apagada o perseguida por la insatisfacción constante, declaro esto por tu bien y el mío:

Nunca más.

Y digo "por tu bien y el mío" por una razón. La gran ironía es que, mientras yo pensaba que Dios estaba dándome toda esta información innovadora para poder ayudar a las demás mujeres (orientándolas sobre cómo sanar su vida al sanar su mente y al cuidar sus pensamientos), no tenía idea de que iba a necesitar esa sanidad para mí misma.

2

LO QUE CREEMOS

Al menos no soy tan tonto como ella.

Esas palabras las dijo Derek a mis espaldas en la clase de biología en segundo año de la secundaria.

Derek medía tres veces más que cualquier otro quinceañero pesado de mi curso, era un chico al que todos le temían. Yo era tímida, una alumna callada que apenas emitía palabra. ¿Cómo era posible que me considerara tonta? Yo *no era* tonta. Obtenía las notas más altas sin mucho esfuerzo, incluso en las clases académicamente más difíciles.

Miro a esa niña de segundo año sentada allí, en esa mesa larga del laboratorio de ciencias, y desearía tomar su rostro y decirle que no es nada tonta, pero estoy segura de que no me escucharía. Una hora después de que Derek dijera eso, esos pequeños tejidos entrelazados en la cabeza de aquella niña habían formado todo un argumento en contra de su valor, de su seguridad, de su intelecto y de su potencial, y lo repetirían contantemente durante toda una década.

Cuando estaba recién graduada, con un título en periodismo televisivo, tuve una entrevista laboral en un canal de noticias. Dos hombres del canal nos llevaron a mi amiga y a mí a cenar. Ellos no querían hablar acerca del puesto de trabajo: querían conocernos.

Cuando nos dimos cuenta de que intentaban coquetear con nosotras, allí sentada pensé: *Los hombres nunca me tomarán en serio en mi trabajo.* Ese pensamiento me hizo creer que no tenía nada que ofrecer como mujer a nivel laboral. Construí un argumento en contra de mi educación, mi entrenamiento y mi talento que me afectaría por años.

Mi esposo y yo tuvimos nuestra primera pelea fuerte cuando estábamos recién casados. Él me ignoró y golpeó algunas puertas con fuerza. Luego, a él se le pasó, pero yo no podía parar de pensar: *No me ama de verdad.* Y mi mente comenzó a elaborar un argumento en contra de nuestro matrimonio.

Luego de perder los estribos con mi hijo de ocho años, me acosté en la cama esa noche y pensé: *Estoy fallando como madre.* Durante años, de vez en cuando, ese pensamiento se metía muy profundo en mi mente.

La cuestión es que siempre he creído mentiras. Y no solo las creí, sino que construí capítulos enteros de mi vida en torno a ellas.
Casi puedo asegurar que a ti te ha pasado lo mismo.

LAS MENTIRAS QUE CREEMOS

Mi amiga Christina, licenciada en psicología, me dijo que la psiquiatría básica enseña a los psicólogos que, cuando elegimos creer una mentira acerca de nosotros mismos, lo que creemos es una de estas tres mentiras:
Soy inútil.
No valgo nada.
Nadie me quiere.
Instintivamente, traté de demostrarle que estaba equivocada:

—¿En serio, Christina? ¿Solo tres? —le dije que yo era capaz de creer trescientas mentiras sobre mí misma en un día.

—No —me dijo—. Cada una de esas trescientas mentiras encaja en alguna de estas tres.

Por el bien del argumento, supongamos que Christina tiene razón. La pregunta que tengo para ti es esta: ¿cuál de esas tres mentiras se relaciona más *contigo*?

¿Hay alguna a la que seas más vulnerable?

Esas mentiras —*soy inútil, no valgo nada y nadie me quiere*— moldean nuestros pensamientos, nuestras emociones y la forma en que reaccionamos al mundo que nos rodea. Nos atrapan en un ciclo de distracción, distorsión y dolor, impidiéndonos reconocer la verdad que deberíamos creer. Principalmente, cambian perjudicialmente la forma en que vemos a Dios. **Cada mentira que creemos acerca de nosotras mismas se arraiga en lo que creemos acerca de Dios.**

Supongamos que tengo una tendencia a sentir que no valgo nada y que soy invisible. Leo Efesios y veo que Dios, como me ama profundamente, me elige y me adopta.[1] Aunque no niegue abiertamente la verdad de esa promesa, tengo dudas de que sea real para mí. Es como si asintiera con la cabeza, pero nunca la absorbiera por completo, o le dejara moldear mi identidad.

Entonces, supongamos que estoy casada con alguien que suele distraerse con el trabajo. No me siento valorada en mi matrimonio y eso confirma ese temor profundo de que de veras no valgo nada y soy invisible. Por eso, aun en las discusiones más insignificantes con mi esposo, siento ansiedad y comienzo a girar en esa espiral cada vez que él no es cariñoso conmigo.

No puedo ver todo el peso que tiene en sus hombros, no puedo empatizar con su estrés, mientras mis necesidades exceden su capacidad para atenderlas satisfactoriamente.

En breve nos encontramos peleando contantemente y ni siquiera sabemos por qué.

En mi mente, mi esposo se ha convertido en mi enemigo y pareciera que nunca logra decir lo que yo necesito oír ni logra ser quien yo necesito.

La espiral de mis pensamientos ya ha invadido mis relaciones y me ha quitado la alegría y la paz.

Ningún humano debería ser la persona que llene nuestra alma o determine nuestro valor. Solo Dios puede hacerlo. Pero si yo no me libero de esa mentira de que el amor de Dios no es para mí, mis emociones, decisiones, conductas y relaciones seguirán enredadas creyendo erróneamente que no valgo nada.

Cuando comenzamos a analizar nuestros pensamientos, quizás por primera vez, es cuando podemos detener esa espiral que nos hunde. Ahí es cuando podemos reconfigurar nuestros pensamientos y cambiarlos de dirección. Esa es nuestra esperanza. No que podamos vencer todos y cada uno de nuestros miedos, sino que podamos permitirle a Dios que tome más espacio en nuestros pensamientos para que nuestros miedos se vuelvan pequeños en comparación con Él. Me encanta la frase de A. W. Tozer que dice que si Dios es «exaltado… [usted] habrá dado con la solución de miles de pequeños problemas».[2] Me apunto. Yo quiero eso.

¿Quieres saber un secreto? Podemos tenerlo, pero debes saber que el enemigo de las almas no tiene intenciones de soltar el control de nuestra mente sin antes pelear, y déjame decirte que él no juega limpio.

Aquí estamos, apenas conociéndonos, y yo estoy a punto de dejarte entrar en uno de los peores infiernos mentales que he vivido. Te preparo desde ahora porque es algo difícil y, a decir verdad, no me gusta lo difícil. Me gustan las cosas divertidas y felices. Pero si no te llevo a la oscuridad conmigo, entonces no me creerás cuando te diga que vale la pena el esfuerzo de enfrentar los rincones de nuestros pensamientos con la seguridad de que Dios puede traer vida y paz.

Sé que es posible ese cambio en nuestros pensamientos y, luego, en nuestra vida. Lo sé porque es lo que me ha sucedido a mí.

Pero antes de descubrir ese pensamiento que convierte nuestro caos en paz, experimenté un gran ataque del enemigo.

BAJO ATAQUE

Estaba de visita en mi hogar natal en Little Rock después de varios meses. Mientras ocupaba el asiento del copiloto en el coche de mi mamá, comencé a ver los lugares familiares: mi antigua escuela, el restaurante Chili's —al que íbamos con mis amigos al finalizar los juegos de fútbol americano o baloncesto— y la piscina en la que siempre nadaba. Eso me recordaba lo reconfortante que puede ser volver a casa.

Pronto llegamos a nuestro destino: una iglesia bautista donde debía dar dos charlas y firmar libros en el receso.

Durante mi primera charla di lo mejor de mí para las mujeres que estaban sentadas allí al frente. Fui valiente y clara al presentar el mensaje del evangelio. "Existe un enemigo real con demonios a su entera disposición" le dije a los miles de mujeres reunidas. "Él quiere acabar contigo. Está determinado a robarte tu fe". Anhelaba que ellas experimentaran la libertad que Cristo ofrece y que rechazaran esa forma de vivir como sonámbulas.

Luego de eso me dispuse a la firma de libros, con todo el alboroto esperado. Cuando terminó, me encontré completamente sola, algo que intentaba evitar en los eventos grandes por el bien de mi seguridad personal. Las participantes ya habían regresado al interior del auditorio para tomar sus asientos, las organizadoras de la conferencia estaban dando vueltas, ocupándose de algunos detalles, y todos los del equipo estaban cubriendo sus puestos. Allí estaba yo, en el vestíbulo, solo yo y una persona más, una mujer de aspecto amable que no conocía.

Entendí que necesitaba entrar y encontrar mi asiento antes de la próxima charla, que estaba por comenzar. Di dos pasos hacia el auditorio y, de pronto, esa mujer estaba frente a mí. Su expresión se había oscurecido, su sonrisa cálida desapareció y sus ojos se entrecerraron mientras los fijaba intensamente en mí.

—Venimos por ti —dijo en un susurro inminente—. Debes dejar de hablar de nosotros. Venimos por ti.

Sus comentarios estaban tan fuera de contexto que no podía entender a qué se refería.

—Señora —le dije—, estoy confundida. ¿De qué habla?

Con una seguridad escalofriante dijo:

—Sabes exactamente de lo que hablo.

—¿Perdón? —le dije, aún buscando una aclaración.

Ella repitió:

—Deja de hablar de nosotros.

—No sé de qué habla —le dije.

Y nuevamente ella dijo:

—Sabes exactamente de lo que hablo —. Yo no lo sabía.

Pero luego lo entendí.

Retrocedí varios pasos, entré al auditorio, me acerqué a uno de los guardias de seguridad a quienes se les había pedido que cubrieran el evento y le dije con toda la compostura que pude reunir:

—La mujer que está en el vestíbulo acaba de amenazarme. Por favor, ¿podrían vigilarla?

Momentos más tarde, subí al escenario y comencé a dar mi última charla. A mitad de la charla, escuché un chillido en el pasillo que recorrió todo el gran auditorio. Se me erizó la piel y me detuve por un momento. Sabía exactamente quién estaba gritando y de qué se trataba todo.

Pensando que el personal de seguridad se haría cargo de la distracción, retomé mi charla nuevamente. Era solo una mujer loca haciendo amenazas vacías. Luego me iría a casa y olvidaría todo esto.

Pero, entonces, al diablo se le fue la mano. Mientras la mujer gritaba desaforada en el vestíbulo, se cortó la electricidad. *Todas* las luces, el sonido *entero*, las pantallas *gigantes* detrás de mí, todo. Quedamos en silencio y en completa oscuridad.

¿Mencioné que era una iglesia inmensa con un sistema eléctrico de respaldo extra por si el primero fallaba? En un día soleado durante un evento con mucho personal, la electricidad no se corta así simplemente.

Los gritos continuaban y todas los escuchábamos atónitas.

—Esto nunca había sucedido —me dijo más tarde el pastor de esa iglesia—. El grito que escuchó era de esa mujer que usted le señaló al guardia y su hija. ¿Qué fue todo eso?

¡Caray!

Es decir, yo proclamo a Jesús y creo en todo lo que Él enseñó. Él habló acerca del enemigo y del poder de Dios sobre las fuerzas demoníacas. El enemigo no era alguien misterioso para Jesús. Para Él, la guerra espiritual era una realidad. Jesús echaba a los demonios con frecuencia, eso dice la Biblia.

Sin embargo, si bien creo que existe un diablo real, que tiene demonios reales obrando para él y que hay una batalla librándose permanentemente alrededor de nosotros por el dominio de nuestro corazón, alma y mente, les diré esto: nunca había visto una manifestación tan clara de la obra de Satanás.

La experiencia podría haber sido aterradora, pero, en lugar de eso, tuvo un resultado diferente: me hizo más fuerte en la fe. Recuerdo esa noche perfectamente. Hablé de Jesús con todas las que escuchaban, incluso con el mesero del restaurante al que fui una vez finalizado el evento, en compañía de mi familia y una amiga de mi hermana que estaba en la ciudad. Estaba desbordada por lo real y verdadero que era todo. Dios; el cielo; el enemigo; esta guerra en la que estamos.

Nunca había estado tan segura como lo estuve ese día: *todo esto era real*.

Por esa razón, la espiral de oscuridad que vino más adelante me tomó increíblemente por sorpresa.

3

SAL DE LA ESPIRAL

En el camino de regreso a la casa de mis padres desde esa charla en Little Rock, llamé a Zac. Él y yo habíamos tenido una discusión antes de que viajara para este compromiso. No recuerdo por qué había sido, pero sí recuerdo mis primeras palabras cuando respondió a mi llamado:

—Hola, cariño. Ya no peleemos, ¿sí?

Mientras hablábamos por teléfono, comencé a acribillarlo con preguntas:

—¿Cómo están tus finanzas? ¿Estamos en conflicto con alguien? ¿Cómo están los niños?

En realidad, utilicé la frase *reunir los vagones* [expresión que significa prepararse para un ataque].

—Debemos reunir los vagones, Zac.

¿Qué? ¿Nuestro rebaño estaba en peligro?

Yo no sabía dónde podía estar el peligro y, a decir verdad, tampoco quería descubrirlo.

—¿Qué es lo que te preocupa, Jennie? —me preguntó. Mi ansiedad era evidente, estoy segura de que se preguntaba qué sucedió en esa linda iglesia bautista.

Le conté la historia, y mi esposo, que nunca es demasiado dramático, me tomó muy en serio. Por teléfono, esa noche recorrimos todos los aspectos de nuestra vida que estaban fuera de nuestro control y nos aseguramos de que no fueran lugares obvios por los cuales puedan atacarnos.

Así que luego nos relajamos un poco.

Pero, a partir de esa noche, inmediatamente después de sentir esa certeza absoluta en mi fe, todas las noches, sin excepción, me despertaba a las 3 a. m. con un pánico momentáneo. *¡Uh! ¡Tres en punto, otra vez!* No es que no estuviese acostumbrada a despertarme en mitad de la noche —¿qué mujer que ha criado niños no ha pasado por eso?—, pero esta vez el desvelo era diferente.

Mi mente se aceleraba y eso me aterraba. Podía dar vueltas por horas en mitad de la noche.

Comenzó con pensamientos y miedos pequeños, preguntándome si tenía ropa que lavar o preocupándome por uno de mis hijos, pero rápidamente se convirtieron en miedos más grandes. ¿Dios es real? Yo estaba invirtiendo mi vida por Él y esa duda traía una posibilidad aterradora: podía estar desperdiciando mi vida.

En la oscuridad, a solas, en silencio, intentaba alejar ese pensamiento, pero parecía regresar a mi mente como un yo-yo; era una pregunta persistente que no podía quitar de mí.

Irónicamente, mi segundo nombre es Faith [fe en inglés], sin embargo, mi fe parecía haberse erosionado. La maestra de estudio bíblico Beth Moore, quien se describe a sí misma como «exhabitante de un pozo», dijo que hay tres tipos de formas de caer en ese pozo: saltar adentro de él, resbalarse accidentalmente y ser arrojados.[1] Mi situación era esta última, me habían arrojado dentro del pozo. La pregunta que me atormentaba durante esas noches de insomnio era cómo rayos podía salir de allí.

He conocido a personas que en cierto punto de su vida comenzaron a dudar sobre la elección de sus carreras, si se habían casado con la persona correcta, o sobre su propósito en la vida. Pero yo estaba dudando algo que estaba en la esencia de quién era yo: dudaba de la existencia de Dios. Allí, acostada con mi silencio, en una habitación muy oscura, todas las noches me preguntaba si Dios era real.

Si Él era real, ¿de veras me veía? ¿De veras me amaba? ¿Se interesaba en mí?

¿En qué estaba pensando?

Por supuesto que Dios se interesaba en mí.

¿O no?

EL PESO DE MIS PENSAMIENTOS

¿En qué momento la fe que había proclamado con fervor sincero se escapó de mí?

¿Quién la había quitado? ¿A dónde se había ido?

¿Alguna vez la recuperaría?

De pronto, estaba llena de dudas. Aunque, a decir verdad, no fue de repente. Fue un proceso lento, sutil, casi imperceptible, que crecía de a poco cada noche mientras estaba allí en la oscuridad.

Mi actitud, que solía ser alegre y optimista, ahora era reemplazada por un desconcierto constante. Ninguno de los métodos que me habían enseñado a lo largo de mi vida para salir de una depresión estaba funcionando. Yo seguía entrenando, siendo productiva en el trabajo y asistiendo a la iglesia, pero mi optimismo había sido capturado por una guerra completamente real en mi mente. Sentía que algo me empujaba hacia abajo a medida que estos pensamientos de duda continuaban su ataque incesante.

Con el tiempo, lo que comenzó por las noches, también empezó a suceder durante el día. Cada vez me preguntaba más y más si todo era real, pero, durante el día, existían muchas distracciones.

Nuestro cerebro es especialista en encontrar distracciones.

Pensaba que cuando llegara ese momento en que necesitara fe, tomaría la decisión. Me aferraría fuerte a las décadas de mi historia con Dios, pero en un momento comencé a notar que mi pasión se estaba apagando. Mis pensamientos giraban en espiral y me hundían en el agotamiento.

Las dudas te roban la esperanza y, sin esperanza, todo lo importante ya no parece serlo.

¿Alguna vez te enfrentaste a algo tan duro o pesado que te hizo cuestionarte todo lo que creías?

Desde entonces, supe que el enemigo estaba obrando, pero en medio de esa espiral que me hundía, no podía verlo. Mis pensamientos parecían controlarme en lugar de que yo los controlara a ellos. Viéndolo ahora, desearía poder hablar conmigo misma y sacarme de ese círculo vicioso en el que estaba. Existía una salida.

Si tú en este momento estás sumergida en algo similar o si ya estás cayendo en picada, te aseguro que hay esperanza.

HUNDIÉNDOME A PRISA

Soy inútil.
No valgo nada.
Nadie me quiere.

Allí, en la cama, con cada ataque a las 3 a. m., de alguna manera quedé presa y comencé a creer esas tres cosas. Todo lo que había creído antes no significaba nada. Dios no significaba nada. La vida era nada. Yo era inútil, porque no era nada. No valía nada, porque no era nada. Nadie me quería, porque ¿quién ama a la nada?

El peligro del pensamiento tóxico es que produce una realidad alternativa, una en la que el razonamiento distorsionado parece tener sentido.

Pensaba en todas las cosas difíciles por las que había pasado en los últimos años. Observaba a una de mis mejores amigas sufriendo una serie de derrames cerebrales mientras atravesaba un divorcio agonizante; observaba cómo se desmoronaba el mundo y el matrimonio de mi hermana Katie; soportaba los grandes desafíos relacionados con la adopción de nuestro hijo Cooper, de Ruanda; enfrentaba la avalancha de críticas de líderes que respeto, mientras reunía la fortaleza para fundar una organización y liderar un equipo por primera vez; observaba a mi esposo Zac luchando contra la depresión… Y la lista continuaba.

¿Mi confianza en las bondades de Dios se había perdido en todo este tiempo?

En esas altas horas de la madrugada comencé a suponer hacia dónde se dirigía mi vida. ¿Había dedicado mi vida a una misión sin sentido? ¿Acaso todos mis esfuerzos y mi pasión habían sido en vano?

Todo lo que alguna vez pareció tan real y vital ahora parecía estar desvaneciéndose.

Durante este tiempo, mi familia fue a ver la última película de los Vengadores, *Infinity War*. Ya que la película fue estrenada hace tanto tiempo, no me siento culpable por contarles que, al final, algunos de mis superhéroes favoritos, simplemente… *desaparecen*, se vuelven cenizas y vuelan, como si nunca hubiesen estado allí, como si nunca hubiesen existido…

Como si sus vidas no significaran nada.

Me senté en ese cine, atormentada por la idea de que ese también fuera mi destino. Cualquier satisfacción que haya vivido, cualquier impacto que haya conocido, todo eso estaba destinado a vaporizarse. Al final, nada importaría.

Yo estaría en la oscuridad, en una tumba. Fin. Sin Dios. Sin rescate. No era nada. Mi vida no significaba nada.

Ahora no importaba nada. Si Dios no existía, entonces, ¿quién se preocuparía por algo?

(Les dije que esto se volvería oscuro).

Durante dieciocho meses (más de quinientos días), eso era todo lo que pensaba…

Hasta que aprendí a ver a mis pensamientos de una forma diferente. Hasta que recordé que tenía una opción.

4

LIBERTAD

—Van a pensar que me volví loca —les dije a mis amigas Esther y Ann. Las lágrimas comenzaron a correr por mis mejillas, mis manos temblaban en mi falda mientras íbamos incómodas en los asientos de madera de un autobús en una región remota de Uganda—. En serio; es posible que *en realidad* me haya vuelto loca...

Mi elección de sincerarme con ellas acerca de lo que estaba viviendo (los meses de despertarme a la madrugada, las dudas, la incredulidad, el sentimiento aterrador de que había perdido mi fundamento espiritual) fue un tanto obligada, ya que treinta minutos antes me habían visto desmoronarme en la oficina de unos funcionarios ugandeses con quienes nos habíamos reunido. Me habían observado desarmarme, cansada de luchar contra una fuerza desconocida, harta de fingir que todo estaba bien cuando absolutamente *nada* lo estaba. Sucedió de tal modo que la única opción que tuve fue contarles la verdad.

Así que les conté. Les conté todo. Ese encuentro extraño con la mujer en Arkansas; la amenaza que me hizo ("Venimos por ti"); las noches de insomnio interminables; el temor de haber perdido mi fe, incluso aunque no creo que una persona pueda perder su fe. Mi boca expresó las palabras antes de que mi cerebro pudiera procesar exactamente lo que estaba diciendo, como si le hubiese dado *play* a una grabación secreta del horror que había sido mi vida en los últimos dieciocho meses.

—Ya no sé qué creer —dije—. Todo ha sido oscuro... tan oscuro que no puedo ni describirlo. He estado cuestionándome todo durante muchos meses. Ni siquiera sé si sigo creyendo en Dios. Tal vez ya no.

Ann observó mi rostro con su intensidad característica, esperando a que yo respirara para poder insertar sus palabras.

—No. *No* —dijo—. Yo te *conozco*. *Conozco* tu fe. He caminado contigo y te he visto todo este tiempo.

La miré fijamente, desesperada por creer que su perspectiva fuese real.

—Jennie, este es el enemigo —me dijo—. Nada de esto viene de Dios. Este horror que has estado viviendo... *esa no eres tú.*

Mientras sus palabras perforaban mi caos interior y penetraban mi mente, dejé que mis ojos se cerraran y asentí.

LA VERDAD SE ABRE PASO

El detonante de mi crisis emocional en esa oficina de Uganda fue la sorprendente experiencia de oír a un extraño proclamar palabras íntimamente familiares.

Durante esas más de quinientas noches de angustia en casa, el único consuelo que podía encontrar era recitar obsesivamente un pasaje de las Escrituras que oraba y anhelaba que me mantuviera aferrada a mi fe en Dios. Años antes me había memorizado el Salmo 139 y, allí, en la oscuridad de mi habitación, con mi mente llena de dudas y miedos, susurraba estas palabras:

¿A dónde me iré de tu Espíritu?
    ¿Y a dónde huiré de tu presencia?
Si subiere a los cielos, allí estás tú;

Y si en el Seol hiciere mi estrado, he aquí, allí tú estás.
Si tomare las alas del alba
   Y habitare en el extremo del mar,
Aun allí me guiará tu mano,
   Y me asirá tu diestra.[1]

Confiaba en que estas palabras fuesen ciertas, específicamente las palabras en que David, el autor de este salmo, dice que, aunque lo intentemos, no existe forma de escapar de la presencia de Dios. Quería que eso fuese real. *Necesitaba* que lo fuera. Por eso, susurraba esas palabras en la oscuridad con una pasión desesperada, una y otra vez.

Allí, en Uganda, mis amigas y yo estábamos visitando varios campos de refugiados para ver el trabajo que realizaba *Food for the Hungry* [Comida para el hambriento], una organización a la que todas queríamos apoyar. Fue muy gratificante ver el progreso que se hizo, incluso aunque yo no estaba en condiciones de disfrutarlo. Nuestro pequeño equipo había venido desde el campo a una oficina estrecha, donde íbamos a encontrarnos con los funcionarios del país que facilitaban esta buena obra. Todos eran creyentes, todos apasionados por los progresos que se estaban haciendo, todos amables, locuaces y gentiles.

—¿Quieren participar de nuestro devocional primero, antes de la reunión? —había preguntado uno de los hombres, a lo que nosotras accedimos con entusiasmo.

Yo me encontraba de un lado de la habitación con aire acondicionado, enfrente de Ann y Esther, con miles de pensamientos que me distraían. Luego de una breve oración, el hombre abrió su Biblia y comenzó a leer.

—Oh Jehová, tú me has examinado y conocido. Tú has conocido mi sentarme y mi levantarme; has entendido desde lejos mis pensamientos...[2] —dijo con un acento fuerte rodando sobre la letra r.

A medida que estas palabras salían de su boca, tuve un pensamiento muy fuerte: «Está leyendo el Salmo 139. ¿Es broma? ¡Está leyendo el Salmo 139!».

—Detrás y delante me rodeaste, y sobre mí pusiste tu mano.[3]

Sentía que me preparaba mientras él hablaba. Sabía lo que venía después.

—¿A dónde me iré de tu Espíritu? —dijo—. ¿Y a dónde huiré de tu presencia? Si subiere a los cielos, allí estás tú; y si en el Seol hiciere mi estrado, he aquí, allí tú estás...

Mis ojos se llenaron de lágrimas. El calor en el lugar se volvió agobiante.

—Si tomare las alas del alba y habitare en el extremo del mar, aun allí me guiará tu mano, y me asirá tu diestra...

Sabía que excusarme en ese momento hubiese sido inapropiado, incluso aunque en verdad quería escaparme. Sentí un nudo en la garganta y un ardor en mis ojos, mientras se liberaban las lágrimas contenidas. Aquí, del otro lado del mundo, en una aldea microscópica a la que habíamos llegado luego de viajar un día entero en una avioneta y en un autobús destartalado, oí estas palabras conocidas de la boca de un hombre cuya lengua nativa no es el inglés.

Amábamos al mismo Dios.

¿Cómo podría este Dios no ser real?

Este hombre podría haber leído cualquier otro de los miles y miles de pasajes, pero aquí estábamos, leyendo las mismas palabras que sostenían mi frágil fe (las únicas, en realidad).

Cuando Ann pronunció esas simples palabras ("Jennie, esa no eres tú"), estaba en lo cierto. En mi alma lo sabía. Esa *no era* yo. Yo amaba a Dios. Yo era una creyente. Yo confiaba en Jesús y valoraba mi fe. Dios no iba a dejarme ir.

Los temores.

Las dudas.

La inquietud.

El miedo.

Nada de eso era quien yo era.

Dios es real y yo soy valiosa.

Mi vida importa.

Él es real.

Tenía un enemigo y lo había dejado vencerme durante mucho tiempo.

Yo estaba por encima de él.

Esto era una guerra.

UNA VISIÓN CLARA RESTAURADA

Luego de que Ann, Esther y yo regresáramos de Uganda, Ann estableció nuestro plan de ataque. Una parte de mí sentía que era una molestia para mis queridas amigas, pero todo el resto de mí estaba desesperado pidiendo ayuda.

Ann decidió que por veinticuatro horas las tres, en solidaridad, nos pusiéramos de pie contra quien sea o lo que sea que me haya empujado tan profundo en el pozo de la incredulidad y la duda, las tres oraríamos juntas y ayunaríamos de comida y bebida.

Nada de batidos a la mañana. Nada de almorzar en Torchy's Tacos. Nada de Starbucks por la tarde, ni el café *flat white* ni los pasteles *madeleine*. Agua, solo eso. Durante un día entero, tomaríamos la energía que normalmente utilizamos para pensar en la comida (en prepararla y en comer) y la enfocaríamos directamente en la oración. Oraríamos por mi confianza, por mi estabilidad y por mi fe.

Todo estaba muy enfocado en mí, pero dado el miedo y el dolor que estaba sintiendo, me comprometí por completo.

En los días siguientes a nuestro viaje a Uganda, debo haber reproducido el comentario de Ann mil veces en mi cabeza.

Esa no eres tú.

¿Cómo es que una simple declaración, un simple recordatorio, pudo romper las grandes cadenas que habían envuelto mi mente y mi corazón por más de un año?

Pensé en algo de lo que vivió el apóstol Pablo (también conocido por su nombre hebreo, Saulo) cuando llegó a la fe en Cristo. Él había perseguido a los cristianos hasta que se encontró con Jesús en el camino a Damasco, donde se quedó ciego. Durante tres días, dice Hechos 9, Saulo ni comió ni tomó ni vio nada. Jesús le había indicado que fuera a la ciudad y esperara más indicaciones. Así que el hombre ciego, guiado por sus compañeros de viaje, hizo lo que se le había dicho.

Luego, un discípulo de Damasco llamado Ananías se acercó, puso sus manos sobre Saulo y dijo: «Saulo, el Señor Jesús, que se te apareció en el camino por donde venías, me ha enviado para que recibas la vista y seas lleno del Espíritu Santo. Y al momento le cayeron de los ojos como escamas, y recibió al instante la vista».[4]

Saulo se levantó.

Fue bautizado.

Se alimentó.

Recobró fuerzas.

No exagero si digo que tras oír las palabras de Ann ("esa no eres tú") pude ver algo que no había podido ver en meses.

Y es que cuando estás sola en la oscuridad, el diablo puede decirte lo que le dé la gana.

Ahora no estaba sola. Estaba luchando. Y en Cristo me fueron dados la autoridad y el poder para ganar.

Fue como que escamas cayeron de mis ojos y finalmente recuperé la vista.

Me había encontrado con la verdad y, si bien «el hombre natural no percibe las cosas que son del Espíritu de Dios, porque para él son locura, y no las puede entender, porque se han de discernir espiritualmente», como dijo Pablo, tenemos la mente de Cristo.[5] La persona espiritual se guía por la verdad. Aun cuando esa persona espiritual ha estado en la oscuridad por un tiempo que parece muy, muy largo.

Sabía que Ann tenía razón.

EL MOMENTO DEL CAMBIO

Curiosamente, durante esos meses de tormento, todo lo relacionado con mi vida pública había dado muestras de una fe sincera y fundamentada. Había proclamado a Jesús con una pasión constante y había visto milagros de vidas transformadas, todo mientras luchaba para poder sostenerme en mi fe.

En realidad, yo estaba llena de fe.

Solo que no me sentía muy llena de fe.

Al contrario, me sentía derrotada.

Lo trágico para mí fue que no tenía necesidad de estar enredada en esto durante dieciocho meses. Y tú tampoco. No es necesario que nos enredemos por dieciocho meses, ni siquiera tenemos que hacerlo por dieciocho *minutos*. Directamente podemos evitarlo.

Tengo algunas dudas de escribir lo siguiente por varias razones. Tal vez eres escéptica. Tal vez has luchado con una atadura específica toda tu vida y mi respuesta te parecerá simple. Tal vez ni siquiera puedes imaginar la libertad y mucho menos luchar para conseguirla. Pero, de todos modos, voy a decirlo. Lo voy a decir porque es la realidad:

Es cierto que puedes cambiar en un instante.

Una nota importante

Tal vez tú vives con un pequeño grado de tristeza y lo has tenido desde que tienes memoria. O, tal vez, tu caso es mucho peor que eso.

Dos personas que conozco, que aman a Jesús profundamente, están luchando contra deseos constantes de quitarse la vida.

Teniendo en cuenta el comunicado de la Alianza Nacional sobre Enfermedades Mentales de que «uno de cada cinco adultos experimenta un problema de salud mental cada año»,[6] es lógico decir que las enfermedades mentales están en aumento. Si estás enfrentando un problema con una enfermedad mental, permíteme envolverte con brazos de amor, mirarte a los ojos y susurrarte: *esto, ya sea tu ansiedad, depresión, trastorno bipolar o pensamientos suicidas, no es tu culpa.*

Tal vez, estás sufriendo un colapso químico en tu cuerpo. Lo entiendo. Varios miembros de mi familia dependen de medicamentos para ayudar a regular la química de su cerebro. Por favor, escúchame: no hay nada que deba avergonzarte de esa elección. Alabado sea Dios por esas herramientas que pueden ayudarte.

Por favor, acércate y escucha esto, solo quiero que sepas que, a lo largo de este libro, siempre que hable de que Dios nos da una alternativa a nuestra forma de pensar, no estoy sugiriendo que debas pensar en una forma de salir de una enfermedad mental. Yo he vivido momentos de ansiedad tan grandes que me paralizaron.

Hay momentos en que necesitamos ayuda por medio de la consejería y la medicina. Espero mostrarte en las siguientes páginas que, en cada momento, existe una ayuda a la que podemos acceder por nosotras mismas. Aprender a tener un simple pensamiento puede ayudarnos a todos los que luchamos con enfermedades mentales y a los que luchamos con otro tipo de cosas.

Tú.

Y yo.

Podemos cambiar.

La ciencia demuestra que podemos. Nuestro cerebro está lleno de conductos nerviosos, algunos son superficiales y moldeables, otros hacen surcos profundos en una vida de pensamientos tóxicos. En ambos casos, Dios tiene poder para salvar. En ambos casos, Él tiene poder para sanar.

Después de nuestro período de ayuno y oración, mi cerebro se sintió renovado y mis pensamientos más claros y nítidos, como si hubiese estado mirando a través de una neblina que de pronto se desvaneció. Me dispuse a entender lo que la Escritura nos dice acerca de nuestra mente.

Comencé a estudiar y el primer versículo que analicé era de Pablo, un versículo que mencionamos de pasada anteriormente. En Romanos 12:2 dice: «No adopten las costumbres de este mundo, *sino transfórmense* por medio de la renovación de su mente, para que comprueben cuál es la voluntad de Dios, lo que es bueno, agradable y perfecto».[7]

¿Quieres ser transformada? Si no, no sé por qué motivo leerías este libro. ¿Existe otro motivo? Es decir, Netflix es más llamativo, los platos están en el fregadero y hay diez mil cosas más que podrías estar haciendo. Sin embargo, estás aquí. Por eso, supongo que estás aquí porque, en realidad, esperas tener un cambio radical de alguna forma.

Estamos a punto de atacar algo que la mayoría de las personas cuerdas no se atreverían a combatir. Peor aún, la razón por la que no lo enfrentan es porque ni siquiera reconocen que la lucha existe. No se dan cuenta de que hay un ataque a gran escala contra ellas. No ven que el enemigo está viniendo por ellas. No saben que están a punto de ser pisoteadas. Viven totalmente desprevenidas.

Eso me sucedió a mí durante un año y medio, pero luego llegó el momento en que la verdad atravesó mi oscuridad y todo cambió.

Pero no seamos ingenuas: **si nuestros pensamientos son los lugares de fortaleza más profundos y oscuros dentro de nosotras, todo el infierno intentará impedir que seamos libres.**

No vamos a intentar ninguna estrategia. No, vamos a hacerle la guerra a la raíz de la oscuridad que llevamos por dentro y vamos a tener que cavar profundo para arrancarla.

Esto va a costarnos cierto trabajo.

Va a necesitar paciencia.

Va a requerir gracia para nosotros.

Luego de contarles a mis amigas de mis dieciocho meses en esa espiral de dudas, dada la urgencia, a esta bestia le arrojamos de todo, espiritualmente hablando, todo el arsenal que Dios nos dio. Pude ver que la sanidad fue más rápida cuando reconocí el ataque del enemigo y comencé a luchar contra él.

En otras situaciones, donde se han cavado surcos más profundos, la sanidad puede tardar más tiempo en alcanzarse. Pero, en todos los casos, las armas con las que luchamos son las mismas. Día tras día peleamos por ser las captoras de nuestros pensamientos en lugar de ser sus presas.

Mientras escribía la sección anterior, recibí un mensaje de texto de una amiga avisándome que mi página web había sido hackeada por un sitio pornográfico. Así es. Mientras hablo acerca de hacerle la guerra al diablo, él comienza una guerra conmigo.

¿Coincidencia?

No lo creo.

5

LLEVAR CAUTIVOS LOS PENSAMIENTOS

Como mencioné antes, llevar cautivos todos nuestros pensamientos parece una tarea imposible, especialmente cuando tenemos en cuenta la cantidad de pensamientos que tenemos por minuto. Si nos basamos en que tenemos treinta mil pensamientos al día y estamos dieciséis horas despiertas, podemos decir que, en un minuto, tenemos cerca de treinta y un pensamientos. ¿Recuerdas lo que dije de tomar cautivo un solo pensamiento? ¿Qué pasaría si un solo pensamiento tuviese el poder de irrumpir en nuestro círculo vicioso y traer paz a nuestro caos mental?

La propia vida de Pablo fue un ejemplo de esa interrupción. Luego de que las escamas cayeran de sus ojos, la vida y la mente de Pablo se centraron en una realidad completamente nueva. No había otra esperanza, ni otra historia, ni otra pista sonando en el fondo. Él interrumpió las cosas que lo habían distraído y se enfocó en una sola:

«Porque para mí el vivir es Cristo, y el morir es ganancia», escribió Pablo en Filipenses 1:21. Todo, siempre, se trata de Cristo.

Pablo experimentó un cambio enorme y ahora era un hombre totalmente diferente. Ya no era esclavo de sus circunstancias o sus emociones. Ahora elegía vivir consciente del poder de Cristo en él, por medio de él y para él. Ahora Pablo tenía el poder del Espíritu, el mismo poder que levantó a Jesús de los muertos,[1] de tal manera que eligió vivir consciente de ese poder y sujeto a él.

En lo que puede ser la explicación más provocativa de toda la letanía de Pablo en el Nuevo Testamento, el apóstol dijo esto:

> Pues aunque andamos en la carne, no militamos según la carne; porque las armas de nuestra milicia no son carnales, sino poderosas en Dios para la destrucción de fortalezas, derribando argumentos y toda altivez que se levanta contra el conocimiento de Dios, y llevando cautivo todo pensamiento a la obediencia a Cristo, y estando prontos para castigar toda desobediencia, cuando vuestra obediencia sea perfecta.[2]

En la paráfrasis de Eugene Peterson, la última parte dice así:

> Utilizamos nuestras poderosas herramientas divinas para destruir las filosofías retorcidas, derribar las barreras que se alzan contra la verdad de Dios, ajustando cada simple pensamiento, emoción e impulso a la estructura de una vida moldeada por Cristo. Nuestras herramientas están listas a la mano para despejar el terreno de todos los obstáculos y formar vidas de obediencia hasta la madurez.[3]

Esto es lo que entiendo de estas palabras: tú y yo hemos sido equipadas con el poder de Dios para derribar las fortalezas de nuestra mente y destruir las mentiras que dominan nuestros patrones de pensamiento. ¡Tenemos el poder y la autoridad para hacerlo!

Sin embargo, damos vueltas actuando como si no tuviésemos poder sobre lo que dejamos entrar en nuestra mente.

Si nuestro niño pequeño está haciendo un berrinche en una tienda, lo corregimos y lo encaminamos; sin embargo, a nuestra mente le hemos permitido tener colapsos absolutos sin hacerle ninguna corrección.

Durante dieciocho meses seguidos pensé que era víctima de los argumentos en contra de Dios que crecían dentro de mí. Durante muchos años de mi vida pensé que era víctima de la negatividad. ¿Te sientes identificada con lo que digo? ¿Tú también has pasado mucho tiempo de tu vida creyendo que eras víctima de tus pensamientos?

Pablo nos dice que no tenemos que vivir de esa manera, que podemos tomar cautivos a nuestros pensamientos. Y al hacer eso, podemos ejercer nuestro poder de una vez por todas y para Dios, y derribar fortalezas a izquierda y derecha.

EL PENSAMIENTO DISRUPTIVO

La promesa de ejercer poder sobre nuestros pensamientos suena genial, ¿no? Sin embargo, intuyo que tienes una pequeña duda:

Pero... ¿cómo?

Como quien dice: "Gracias, Jennie. Suena genial; pero ¿cómo diablos lo hago?"

En los próximos capítulos, tú y yo aprenderemos a ir a la guerra con las armas que Dios nos ha dado, armas que pueden acabar con siete enemigos estratégicos que nos atacan y perjudican nuestros esfuerzos por mantener estable nuestra mente.

El panorama completo es este: nuestros pensamientos son caóticos. Muchas veces desencadenan emociones descontroladas, ¿verdad? Emociones que nos dicen cómo comportarnos.

Esas conductas afectan dramáticamente nuestras relaciones, continuando con esa caída en picada que veíamos previamente.

Lo que estamos diciendo, entonces, es que *la forma en que pensamos* afecta directamente *la forma en que vivimos*.

Esto puede sonar aterrador, pero, de hecho, es algo emocionante.

Deberás confiar en mí ahora.

Esto es lo que sé: aunque no seamos capaces de llevar cautivo todo pensamiento en cada situación que enfrentamos todos los días, sí podemos aprender a llevar cautivo *un* pensamiento y, al hacerlo, afectar a todos los demás que tengamos.

Entonces, ¿cuál es ese pensamiento que puede detener con éxito todos los pensamientos negativos? Es este:

Puedo elegir.

Eso es todo.

Ese simple pensamiento es este:

Puedo elegir.

Si tú confías en Jesús como tu Salvador, ¡tienes el poder de Dios para elegir! Ya no eres esclava de las pasiones, los deseos, las fortalezas, de ningún tipo de pecado. Tienes la capacidad dada por Dios, eres fortalecida por Él y redimida por Él para elegir en qué pensar. Tienes la opción de elegir en dónde enfocar tu energía. Tienes la opción de elegir por qué vivir.

Yo puedo elegir.

No estamos sujetas a nuestros comportamientos, genes o circunstancias.

No estamos sujetas a nuestras pasiones, deseos o emociones.

No estamos sujetas a nuestros pensamientos.

Podemos elegir qué pensar, porque somos conquistadoras que poseemos armas para destruir las fortalezas.

Ahora, casi nunca podemos elegir nuestras circunstancias, pero Pablo dice que tenemos la opción de elegir qué pensamos acerca de esas cosas que a veces nos desafían. ¡Y me encanta esa verdad! Me encanta porque muchas veces me siento con mujeres a oír sus historias y, sin importar en el país o en la ciudad en que estemos, los problemas son los mismos. Hablo con mujeres en chozas en

Uganda, me siento en el suelo de barro con ellas, con intérpretes, y cuentan que tienen los mismos temores por sus hijos que yo tengo por los míos.

La gente que admiro es aquella que ha elegido confiar en Jesús en lugar de confiar en su capacidad para hacer que todo salga bien. Estos héroes de la fe no están sujetos a sus propios pensamientos. No están sujetos a sus sentimientos.

Ellos creen en un objetivo principal y se esfuerzan con todo su poder para pensar en Cristo.

Jesús es el eje en el que giran todos sus pensamientos. Cuando sus mentes giran y giran, tienen su eje puesto en Él.

Lo que hace surgir la duda: ¿cuál es tu eje o tu obsesión?

Cada uno conoce su obsesión, eso en lo que piensa constantemente.

Mis mejores amigas conocen mis obsesiones porque no son fáciles de ocultar. Nuestros ejes aparecen en nuestro mundo, en nuestros sentimientos y en nuestras decisiones. Son el objeto de los libros que leemos, los *podcasts* que escuchamos, los sitios web que visitamos, los grupos a los que nos unimos y las obsesiones que perseguimos.

¿Estás obsesionada con el miedo de que tu hijo algún día se rebele? Entonces vas a leer muchos libros sobre paternidad.

¿Te genera ansiedad el hecho de enfermarte o de no estar súper saludable? Entonces vas a escuchar toneladas de charlas acerca de salud e invertir una pequeña fortuna en aceites esenciales.

En otra oportunidad escribí acerca del desorden alimenticio con el que luché en la universidad y durante varios años después. Comenzó cuando era animadora en la Universidad de Arkansas y teníamos que pesarnos todas las semanas. Si alguna del equipo aumentaba más de tres libras con respecto a la semana anterior, se quedaba en la banca durante el juego de esa semana.

Yo estaba *obsesionada* con la alimentación, el entrenamiento y lo que podía comer o no.

Luego, ya nadie me pesaba, pero mi obsesión no se detuvo. Eso se convirtió en un lugar en el que me sentí totalmente estancada.

Después leí las famosas palabras de Pablo: podía llevar cautivos mis pensamientos por obediencia a Cristo.

Mi menté explotó.

Mi espiral se detuvo.

Tenía poder sobre mi vida y mi mente otra vez.

¡Dios te ha dado el poder para detener esa obsesión! Eso es lo que me dijo este versículo de Pablo y era algo que yo necesitaba oír con desesperación.

Luego, la pregunta fue: ¿cómo? *¿Cómo* podía detener esa espiral?

La respuesta para ti, al menos en parte, puede estar en la consejería, en la comunión, en el ayuno o, sin dudas, en la oración.

Tanto para ti como para mí, la respuesta se centrará en Dios, en su presencia, en su poder, en su gracia y en su Palabra.

Toda espiral puede detenerse. No hay nada que el brazo de Dios no pueda alcanzar. Como somos «nuevas criaturas», tenemos una opción.[4]

Él nos ha dado poder, herramientas y su Espíritu para cambiar ese círculo. ¿Cuándo vamos a estar dispuestas a tomar la iniciativa? Aquí comienzan a aparecer cosas muy interesantes.

Cuando tenemos nuevos pensamientos, alteramos físicamente nuestro cerebro.

Cuando tenemos nuevos pensamientos, hacemos conexiones neuronales más sanas.

Cuando tenemos nuevos pensamientos, forjamos nuevos caminos.

Cuando tenemos nuevos pensamientos, todo cambia para nosotros.

UN REAJUSTE MENTAL

Un escritor que conocí en mis estudios acerca del cerebro fue el Dr. Dan Siegel, un profesor de psiquiatría clínica. Él escribió: «Adonde va la atención, fluye la actividad y aumentan las conexiones neuronales... Los patrones que creías establecidos en realidad son cosas que, con esfuerzo mental, se pueden llegar a cambiar... No somos pasivos en toda esta actividad de la mente y la conciencia».[5]

Nuestro cerebro se convierte en lo que pensamos. Aquello en lo que pongamos nuestro eje será en lo que nos convertiremos neurológicamente hablando.

Todo se reduce a un pensamiento.
Y luego a otro.
Y luego a otro más.
En otras palabras, dime en qué piensas y te diré quién eres.

Tomemos a mi hijo Cooper como ejemplo. Él tiene diez años. Cuando él comienza a girar en esa espiral, su mente, su cuerpo y sus emociones comienzan a caer, caen y caen, y yo intento detenerlo. Intento ayudarlo a desviar sus pensamientos.

—Hijo, tiempo —le digo—. Te amo. Estás bien. No tienes que entrar en pánico. Puedes escoger otra cosa. No tienes que sentirte arrollado por esto.

Le digo a Cooper lo que es real.

Le digo lo que es verdadero.

Y luego intento recordar que lo que es real para él, también lo es para mí.

¿Quieres saber un secreto? Esto es real para ti también. Tú y yo encaminamos a los niños todo el tiempo. ¿Por qué no lo hacemos con nosotras también? Primero, por supuesto, debemos recordarnos que podemos cambiar. Déjame decirlo otra vez: ¡Podemos elegir! Y cuanto más nos aferremos a esa verdad, más fácil será detener esa espiral de pensamientos que nos tira hacia abajo.

En la medida en que pongo en práctica los patrones que vamos a atravesar juntas, cambiar mis pensamientos se ha vuelto algo más disciplinado. Mira el gráfico de la espiral de la página siguiente. Comienza por el final, con las emociones y los pensamientos a punto de girar fuera de control, y observa cómo podemos detenerlos y cambiarlos al elegir tener la mente de Cristo.

Las palabras de Pablo en la Carta a los Romanos nunca han sido más reales para mí que durante esta lucha: «Porque según el hombre interior, me deleito en la ley de Dios; pero veo otra ley en mis miembros, que se rebela contra la ley de mi mente, y que me lleva cautivo a la ley del pecado que está en mis miembros».[6]

¡Esta es una batalla diaria! Tal vez yo no esté peleándola a la perfección, pero he visto grandes mejoras. El cambio que una vez pareció imposible, en el mejor de los casos, ahora estaba a la vista.

¿A dónde nos dirigimos tú y yo? Nuestro objetivo va incluso un paso más allá de eso. Basándonos en los escritos que Pablo hizo hace tanto tiempo para la iglesia de Roma, tú y yo podemos aprender a ocupar nuestra mente al punto de que controlar nuestros pensamientos se vuelva algo reflexivo, como una respuesta automática e intuitiva.

En Romanos 8:5 Pablo dijo que «los que son de la carne piensan en las cosas de la carne» y «los que son del Espíritu, en las cosas del Espíritu». Y continuó:

Porque el ocuparse de la carne es muerte, pero el ocuparse del Espíritu es vida y paz. Por cuanto los designios de la carne son enemistad contra Dios; porque no se sujetan a la ley de Dios, ni tampoco pueden; y los que viven según la carne no pueden agradar a Dios.

CONSECUENCIA

RELACIONES

CONDUCTA

PENSAMIENTO

PUEDO ELEGIR
LA MENTE DE CRISTO

EMOCIÓN

Mas vosotros no vivís según la carne, sino según el Espíritu, si es que el Espíritu de Dios mora en vosotros. Y si alguno no tiene el Espíritu de Cristo, no es de él. Pero si Cristo está en vosotros, el cuerpo en verdad está muerto a causa del pecado, mas el espíritu vive a causa de la justicia. Y si el Espíritu de aquel que levantó de los muertos a Jesús mora en vosotros, el que levantó de los muertos a Cristo Jesús vivificará también vuestros cuerpos mortales por su Espíritu que mora en vosotros.[7]

He leído y releído este pasaje en los últimos meses, reflexionando cómo sería la vida si realmente pudiera tener una mente que more en el Espíritu; una mente que esté llena de vida y paz; una mente que siempre piense en Dios, en quién es Él y lo que quiere para mí. Deseo desesperadamente esa «perfecta paz» que Dios promete al fijar la mente en Él.[8]

Nuevamente, no soy perfecta, pero cada vez pienso de esta forma con más regularidad.

Quiero estar tan familiarizada con estos patrones de pensamiento alineados al Espíritu que mi defecto no sea confiar en la carne, sino que confíe en el Espíritu para todo.

La meta de nuestras interrupciones intencionales es detener abruptamente esas espirales absurdas de nuestra mente.

Cuando ponemos en práctica el arte de la interrupción, estamos cambiando a una mentalidad completamente nueva, y con cada cambio vemos que nos acercamos más y más a la mente de Cristo.

Cuando estamos girando en medio de ruidos o distracciones, tenemos la opción de volver nuestra mente a Dios mediante el silencio.

Cuando estamos girando en medio de la soledad, tenemos la opción de volver nuestra mente a Dios mediante la comunidad.

Cuando estamos girando en medio de la ansiedad, tenemos la opción de volver nuestra mente a Dios mediante la adoración. Cuando estamos girando en medio del egocentrismo, tenemos la opción de volver nuestra mente a Dios mediante la humildad. Cuando estamos girando en medio del victimismo, tenemos la opción de volver nuestra mente a Dios mediante la gratitud. Cuando estamos girando en medio de la complacencia, tenemos la opción de volver nuestra mente a Dios mediante el servicio a Él y a los demás.

Debería decirte que, después del día de ayuno y oración, estuve obsesivamente atenta a poner en práctica los patrones de Pablo que leerás en la segunda parte de este libro, de modo que nunca más volví a despertarme con ese miedo. Ya hace un año entero que no me paralizan esos despertares a las 3 a. m.

De igual manera, tú puedes ver que algunos pensamientos, una vez que son interrumpidos, simplemente perderán su poder. Dios puede hacerlo.

Otros pensamientos, sin embargo, pueden necesitar ser cautivados y encaminados todos los días. O a cada hora. En algunos casos, hasta con más frecuencia. Pero esos pensamientos de muerte pueden llevarse cautivos, pueden ser contenidos.

Podemos ser libres de la caída más empinada.

Podemos aprender a cuidar nuestra mente.

Podemos vivir como si tuviésemos otra opción en lo que respecta a esto, porque, de hecho, *la tenemos*. Tenemos otra opción. Podemos elegir.

Un Padre celestial lo dio todo para que yo fuese libre. ¡Todo para que yo pueda elegir esta salida! Él creó la salida con el amor y la sangre de su hijo, Jesús. Cuando pensamos en cosas que nos traen vida y paz, no solo obtenemos mejores pensamientos, también obtenemos más de Dios.

Tal vez sigamos despiertos a altas horas de la madrugada mientras todo está oscuro a nuestro alrededor, pero en lugar de comenzar a dar vueltas y dejar que esos escenarios malignos crezcan en nuestra mente, podemos encontrarnos con Dios, recordar su bondad y orar.

La batalla por nuestra mente se gana cuando nos enfocamos en Jesús en todo momento, a toda hora y todos los días.

6

HAZ EL CAMBIO

Hace algunos meses, reuní a varias mujeres en una sala de mi iglesia local para estudiar todo lo que estamos hablando aquí. Nos encontramos durante seis semanas y pude ver vidas transformadas. En la primera noche, esas mujeres llegaron a la iglesia donde nos reuníamos y se encontraron con una pizarra gigante donde estaba escrita la pregunta: "¿En qué estás pensando?" En la pizarra, estaban pegadas muchas notas adhesivas de colores brillantes con distintos tópicos que podrían estar ocupando espacio en sus pensamientos, cosas como:

- opiniones de los demás
- finanzas
- planes
- las vacaciones
- el fin de semana
- las noticias

Antes de que las mujeres se sentaran, les pedí que identificaran algunos pensamientos que tenían y que despegaran esas notitas. Fue una tarea desafiante.

Después del ejercicio de esa noche, mi equipo y yo evaluamos qué pensamientos habían sido tomados por cuántas mujeres y qué pensamientos seguían allí en la pizarra.

Si le preguntas al Sr. Google cuántos de nuestros pensamientos al día son positivos y cuántos son negativos, descubrirás que la gran mayoría son negativos (casi un 70 %, dicen algunos investigadores).[1] Volviendo a la iglesia, a pesar de todas las opciones positivas que estaban disponibles en esas notas, adivina qué opciones escogieron...

- estrés en el trabajo;
- estrés por las finanzas;
- ¿soy lo suficientemente buena?;
- ¿soy valiosa?;
- defectos;
- rechazo;
- dolor.

Ahora adivina cuáles quedaron sin tocar:

- alegría;
- fortaleza;
- buenos recuerdos;
- mi corazón.

Tres personas tomaron los papeles de «caminatas», así que al menos tenemos eso.

Ahora, debo decirte, basándome en lo que estas mujeres dijeron que estaban pensando, que ya sabía bastante bien lo que suponían en sus mentes. Por ejemplo: *Si la gente supiera lo mucho que he fallado, nunca me amarían* o *mi valor está en mi capacidad de ser perfecta, no es de extrañar que no sea muy valiosa.*

Como resultado de esas suposiciones, afloran las emociones: frustración, enojo, desánimo, desesperanza, vergüenza, insuficiencia, humillación.

De esas emociones, comienzan a formarse las creencias: *Nunca triunfaré en mi carrera, nunca seré lo suficientemente buena, nunca seré amada y aceptada, nunca saldré de esta deuda.*

A partir de esas creencias, se toman las acciones: adormecemos nuestro dolor, escondemos nuestros miedos, fingimos felicidad, nos ponemos "corazas".

Con el tiempo, esas acciones forman hábitos, y estos diseñan el estilo de vida que moldea nuestros días.

¡Por eso, muchas de nosotras tenemos problemas para adaptarnos al cambio! Caemos presas de ese 70 % de pensamientos negativos y, luego, despertamos un día completamente derrotadas.

Necesitamos una nueva normalidad, esas notas adhesivas nos lo confirmaron.

Es cierto que para algunas personas, tal vez hasta para ti, su emoción central en un momento dado es la paz, la satisfacción o la alegría. Pero si a esas mismas personas les das un día, una semana o un mes, emergerán los problemas. Siempre es así, ¿sabes? Vivimos en un mundo problemático.

Como dijo Jesús: «En este mundo afrontarán aflicciones».[2]

La buena noticia es que cuando reconocemos que una emoción predominante está conectada directamente a esas mentiras que nos consumen la vida, comenzamos a ver que todo lo que necesitamos para vivir en Dios ya nos ha sido dado,[3] es decir, que comenzamos a sanar y nuestra vida empieza a tener sentido.

Durante el último año, desde que regresé de ese viaje a Uganda con Esther y Ann, he decidido nombrar a este plan de escape como "el cambio". Cuando estoy inmersa en cierta forma de pensar que claramente no es buena, puedo escapar a ese patrón y elegir uno nuevo. Puedo hacer un cambio mental. Así, al cambiar mi mente, puedo cambiar mis emociones y esto interrumpe todo lo que vimos anteriormente que determina *cómo vivo mi vida.*

La buena noticia de todo esto es que tú puedes hacer lo mismo. No tienes que caer en picada y terminar presa del pánico. No tienes que estar cautiva de los miedos y las dudas. No tienes que detenerte en cada cosa horrible que, tal vez, nunca suceda.

Según Pablo, para poder cambiar las "filosofías engañosas" (mis dudas) y "barreras en contra de la verdad de Dios" (mi incredulidad de las tres de la madrugada) en pos de enfocarnos en algo más alineado con la "vida moldeada por Cristo", debemos tomar las armas de guerra y destruir las fortalezas que dominan nuestros pensamientos.[4]

Primero, por supuesto, debemos aprender a reconocer esas fortalezas.

EL MAPA CONCEPTUAL DE TU MENTE

Comencemos por ser conscientes de lo que estamos pensando, minimicemos ese pensamiento e identifiquémoslo por lo que es. Cabe mencionar que el diablo nunca quiere ser descubierto. Se escabulle y se apodera de nuestra mente, y nosotras casi no notamos que hay algo fuera de lugar. Al menos, yo no lo noté.

Entonces, lo primero es darse cuenta, prestarle atención a lo que estamos pensando.

Si eres tan valiente como para darle una oportunidad a esto de pensar en lo que piensas, entonces toma un diario y un bolígrafo. ¿Lista?

Paso 1

Si lo necesitas, recurre al ejemplo gráfico. Escribe en el centro de una página en blanco el sentimiento o emoción principal que estás teniendo en este momento. Puede ser bueno o malo.

Tal vez escribas *ansiedad.*

Paz.

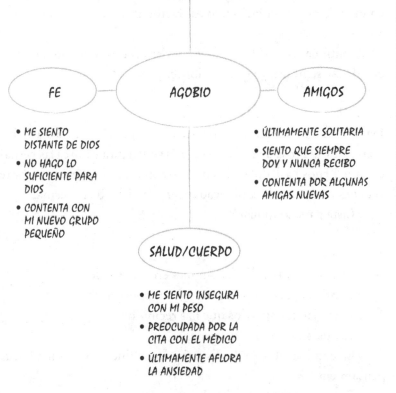

- PROYECTO PARA MAÑANA
- DESACUERDO CON COLEGA
- ME SIENTO INCOMPETENTE PARA LA TAREA

TRABAJO

FE

AGOBIO

AMIGOS

- ME SIENTO
  DISTANTE DE DIOS
- NO HAGO LO
  SUFICIENTE PARA
  DIOS
- CONTENTA CON
  MI NUEVO GRUPO
  PEQUEÑO

- ÚLTIMAMENTE SOLITARIA
- SIENTO QUE SIEMPRE
  DOY Y NUNCA RECIBO
- CONTENTA POR ALGUNAS
  AMIGAS NUEVAS

SALUD/CUERPO

- ME SIENTO INSEGURA
  CON MI PESO
- PREOCUPADA POR LA
  CITA CON EL MÉDICO
- ÚLTIMAMENTE AFLORA
  LA ANSIEDAD

Agobio.

Enojo.

Miedo.

Sea lo que sea, anótalo.

Ahora dibuja un gran círculo alrededor de esa palabra. Alrededor de ese gran círculo, escribe todo lo que puedas pensar que contribuya a eso que escribiste. Puedes escribir *ropa sucia, trabajo, hijos, estrés financiero, problemas con mi imagen corporal.* Dibuja un círculo más pequeño alrededor de cada uno de esos factores contribuyentes y luego traza una línea desde cada uno conectándolos con el círculo más grande. Junto a cada círculo pequeño, enumera cómo ha contribuido ese factor al sentimiento que tienes ahora.

Continúa hasta haber agotado todas las posibilidades que surgen de ese sentimiento que escribiste.

Paso 2

Habla con Dios acerca de esto. Ora con tu papel frente a ti y habla acerca de cada cosa que escribiste. Ve a su Palabra y busca las verdades que Él nos ha dado. Habla de esto con Él. Pídele que te muestre si tienes una creencia equivocada acerca de Él o de ti misma.

¿Lista para continuar?

Paso 3

Busca patrones y temáticas comunes en tus círculos.

¿Te preocupan cosas que no puedes controlar?

¿Te enojan los agravios que has recibido?

¿Te obsesiona lo que no tienes?

¿La comida, el sexo, la diversión o el dinero han tomado tus pensamientos?

¿Te avergüenza lo que has hecho en el pasado?

¿Te autocriticas?

Bien. ¿Por qué te hice hacer este ejercicio?[5] Para que puedas ver con claridad la forma en que tus pensamientos construyen una línea argumental acerca de Dios, que puede ser real o no.

Si queremos detener los patrones de pensamientos tóxicos, debemos ver lo que sucede y tomar acciones, contrarrestando cualquier mentira que creamos acerca de Dios con la verdad que irrumpe en nuestro círculo vicioso.

Para hacerlo efectivamente, vamos a necesitar un poco de ayuda.

LA MENTE DE CRISTO

Es casi imposible navegar los mares de nuestra cultura sin ser bombardeadas con mensajes de que podemos hacer las cosas mejor y ser mejores. Los "expertos" hablan directamente a nuestro deseo de esperanza a través libros de autoayuda, sitios web, artículos, infomerciales y más. Nos sentimos más optimistas (crece dentro nuestro un sentimiento de expectativa) cuando escuchamos la forma en que el mantra correcto, el ejercicio adecuado, el plan financiero específico o la determinación clave nos hará tener esa vida mejor y plena que creemos que deberíamos tener.

¿A quién no le gusta mejorar, planear, resolver, declarar, avanzar y crecer? ¿A quién no le gusta la idea de que, con una pequeña determinación, podamos ser mejores que antes? Nadie quiere quedarse estancado en donde está. Todos queremos prosperar y florecer.

A pesar del gran éxito que tienen los gurús de estilo de vida hoy en día, la idea de la autoayuda no es algo nuevo. Cientos de años antes de la llegada de Jesús, la gente escribía argumentos éticos para ayudar a las personas a tener vidas más sabias y mejores.

La cultura de la autoayuda, como la conocemos hoy, tiene sus orígenes más evidentes en el siglo diecinueve. Por ejemplo, en 1859, Samuel Smiles escribió un libro titulado, precisamente, *¡Ayúdate!* Tal vez reconozcas la famosa máxima que Smiles escribió allí: «El cielo ayuda a quienes se ayudan». Este mensaje está tan incorporado que, muchas veces, la gente cree que es un pasaje de las Escrituras. Pero no, no lo es. Esa frase no se encuentra en la Biblia, aunque bien podría estarlo. ¿Quién necesita a Dios cuando la verdadera ayuda está dentro de nosotros y es uno mismo? Ideas como esta son las que ayudaron a que naciera la industria de la autoayuda.

Pasó el tiempo y otros se fueron uniendo a la causa.

Dale Carnegie lanzó el libro *Cómo ganar amigos e influir sobre las personas.*

La psicoterapia se hizo cada vez más popular.

Los infomerciales se volvieron algo importante.

Los oradores motivacionales comenzaron a reunir multitudes.

Y aquí estamos, en una sociedad de la posverdad, bombardeados con promesas de felicidad, riqueza, plenitud y sueños cumplidos. Sin embargo, somos miserables e infelices. ¿Por qué? Porque, **sin importar todo el bien que haga la autoayuda, al final, siempre faltará algo.**

Lo mejor que puede hacer la autoayuda con nuestro sufrimiento, nuestros defectos y nuestro círculo vicioso es ayudarnos a rechazarlo, determinarnos a ser mejores, declarar: *¡Hoy termina este horror!*

Pero, lo que necesitamos no es solo que eso se detenga, sino que nuestra mente sea *redimida.*

El cautiverio requiere rescate.

La opresión necesita levantarse.

La ceguera desea la vista.

La rebeldía debe ser transformada.

Nada que nos autodeclaremos puede traer esta liberación (sin importar la fuerza y la pasión con que lo hagamos). En lugar de eso, necesitamos una transformación completa: cambiar nuestra mente por la mente de Cristo.

No fuimos creadas para pensar cosas buenas acerca nosotras mismas, sino para experimentar la vida y la paz cuando pensamos menos en nosotras y más en nuestro Creador y en los demás.

«Busquen primeramente el reino», dijo Jesús.[6]

¿El gran mandamiento? Amar a Dios y amar al prójimo.[7]

La verdadera autoayuda para nosotros, los seguidores de Jesús, es creer en quiénes somos como hijas e hijos del Rey del universo y saber que nuestra identidad se afirma en la sangre derramada del mismísimo Hijo de Dios.

Recién cuando creemos esto acerca de nosotros mismos, es que podemos pensar menos en nosotros y más en la misión que se nos ha encomendado: la de amar a Dios y a las personas que Él pone frente a nosotros, sin importar las circunstancias.

Sí, puedes progresar un poco por tu cuenta, pero no vas a tener el fruto del Espíritu ni la mente de Cristo. Entonces, esas personas que nos instan a tomar el control de nuestras vidas, ¿están completamente equivocadas? No. Es cierto que tenemos un papel que nos corresponde, pero nuestro esfuerzo no nos llevará hasta la meta final si no hay una fuerza externa que cambie nuestro interior.

¿Qué haces una vez que llevas cautivo un pensamiento? Debes sujetar ese pensamiento a Cristo. Así es como experimentas una mente nueva, una nueva identidad, una nueva forma de vida, una vida potenciada por el Espíritu.

El mundo entiende que no se progresa si no se trabaja. Lo entiende mejor que muchos cristianos. **Sin embargo, la autoayuda solo puede ofrecerte una mejor versión de ti misma; en cambio, lo que Cristo ofrece es *un ser completamente nuevo*;** Dios en ti; la mente de Cristo; el fruto del Espíritu a través de ti. Pasarás de ser un árbol de pino marchito y seco, a un árbol que produce frutos abundantes. Serás una creación completamente nueva.

Esta obra, este cambio que vamos a hacer, podría ser el más importante que hemos hecho hasta ahora.

Pero no es simplemente un proyecto más de autosuperación.

Cambiamos porque queremos vivir como una nueva creación, una vida que realmente importe, la vida en Cristo que Dios ha prometido.

PARTE DOS

Derrota a los enemigos de tu mente

ESTABLECE LÍNEAS DE BATALLA

Mientras comenzamos esta parte, quiero que prestes mucha atención, porque voy a contarte lo que está por suceder y por qué.

Voy a entrenarte para pelear.

Recuerda: la batalla espiritual más grande de nuestra generación se libra dentro de nuestra cabeza. Ese es el epicentro de la batalla.

Antes de que Eva comiera el fruto, pensó que «tenía buen aspecto y era deseable para adquirir sabiduría». Y luego «tomó de su fruto y comió».[1]

David, antes de pecar con Betsabé y mandar a matar a su esposo, pensó que «era muy hermosa».[2]

María, antes de dar a luz a Jesús, pensó: «He aquí la sierva del Señor; hágase conmigo conforme a tu palabra».[3]

Antes de que Jesús eligiera ir a la cruz, pensó: «Padre... no se haga mi voluntad, sino la tuya».[4]

La forma en que pensamos moldea nuestras vidas.

A cada acto que vemos en la historia y en nuestras vidas, ya sea algo bueno o algo terrible, lo precede un pensamiento. Ese pensamiento se multiplica en muchos otros y luego se desarrolla toda una mentalidad, muchas veces sin siquiera darnos cuenta. Nuestro objetivo es llegar a ser conscientes de nuestros pensamientos y construir intencionalmente una mentalidad que nos lleve a los resultados que deseamos y que Dios quiere para nosotros.

Un pensamiento que honra a Dios tiene el poder para cambiar la trayectoria de la historia y la eternidad. De la misma forma, una mentira instalada en nuestra cabeza tiene el potencial de traer una destrucción inimaginable al mundo que nos rodea.

El campo de batalla no eres tú gritándole a tus hijos, evadiendo tus impuestos o mirando tu teléfono durante horas.

El campo de batalla ni siquiera eres tú sirviendo en el refugio de tu ciudad para personas sin techo o uniéndote al equipo de tu iglesia.

El epicentro del campo de batalla, la fuente de cada palabra y hecho que sale de tu boca y de tu vida, comienza en tus pensamientos.

No eres lo que comes.

No eres lo que haces.

Eres lo que piensas.

La Biblia dice: «Porque cual es su pensamiento en su corazón, tal es él».[5]

Satanás sabe que somos lo que pensamos, por eso, si pensamos cosas sobre nosotras que no son verdad, estamos creyendo lo que el diablo quiere que creamos en lugar de creer lo que Dios quiere.

Probablemente tú sabes cuál es el pensamiento más recurrente en ti, ese pensamiento que, más que cualquier otro, alimenta a los demás y, sí, también a tus acciones.

El enemigo te dirá que es inútil cambiar, que eres una víctima de tus circunstancias y tus patrones de pensamientos.

Él quiere que te conformes, que encuentres una forma de sobrevivir y que seas algo feliz.

Él te convencerá de que aceptes que *simplemente esto es lo que eres*, que tu pensamiento está arraigado tan profundo en tu personalidad o en tu formación que nunca vas a poder cambiarlo.

Tu primer objetivo es llevarlo cautivo, tener el coraje de enfrentar ese pensamiento destructivo determinante y detenerlo diciendo: *puedo elegir*.

Recuerda: en este camino, lo más importante no es el cambio de conducta. Sin embargo, ese puede ser uno de los resultados.

No puedo prometerte que este camino cambiará tus circunstancias. Tal vez, aun así, tengas que perder tu empleo, luchar contra una enfermedad autoinmune o lidiar con el hecho de no encontrar al esposo perfecto.

Llevar cautivo todo pensamiento no se trata de lo que nos sucede a nosotros, sino de elegir creer que Dios está con nosotros, que Él es por nosotros y que nos ama aun cuando todo el infierno se levante en nuestra contra.

Tengo una mejor noticia: llevar cautivos los pensamientos y luego creer en la verdad, fundamentará y moldeará cada aspecto de tu vida, te dará una paz y un gozo capaces de trascender tus circunstancias. ¿Cómo? Con Jesús, porque Jesús derrotó al pecado, a Satanás, a la muerte y se levantó de la tumba; y porque ese mismo poder de la resurrección, habita en los hombres y mujeres redimidos por el evangelio.

Este es un camino al gozo que no tiene ningún sentido basado en nuestras circunstancias.

Es la lucha por un propósito claro y específico en medio del consumismo desenfrenado.

Es la paz de Dios que sobrepasa nuestra comprensión en los momentos de sufrimiento.

Es redimir el tiempo en medio de la distracción y el ruido sin precedentes.

Es la belleza de estimar a los demás en medio de una cultura narcisista.

Es aprender a decir la verdad con amor en un mundo que dice que nunca debemos ofender.

Es poder respirar profundo y dormir en paz en una sociedad guiada por la ansiedad.

Es una forma de vivir de otro mundo.

Tú, como creyente, eres una ciudadana de otra realidad. Aprendamos a pensar así.

En esta parte del libro quiero ofrecerte una serie de pautas que me han ayudado a posicionarme para cambiar mi forma de pensar, negativa y mundana, por la forma sobrenatural pero simple de la que hablaba el apóstol Pablo, un pensamiento que refleje la mente de Cristo.

Cuando nos confundimos o nos distraemos del punto principal, acabamos peleando por cuestiones insignificantes, utilizamos toda nuestra energía en combatir al enemigo equivocado sin darnos cuenta de que hemos sido engañadas. Si no somos cuidadosas, un día levantaremos la vista y nos daremos cuenta de que todo el tiempo hemos estado en la batalla incorrecta. Nos veremos luchando contra carne y sangre, pero las Escrituras dicen claramente en Efesios que «no tenemos lucha contra sangre y carne, sino contra principados, contra potestades, contra los gobernadores de las tinieblas de este siglo, contra huestes espirituales de maldad en las regiones celestes».[6]

Si una de las mejores herramientas del enemigo es la *confusión*, cada día que pasamos confundidas es un día ganado para él. Así que, les diré con total claridad hacia dónde vamos en esta parte del libro, cuál es el problema que enfrentamos, la misión que aceptamos y la victoria que obtendremos al final.

EL PROBLEMA

Cada pensamiento tóxico, cada círculo vicioso emocional y cada trampa del enemigo en la que caemos profundamente, por algún motivo, se deben a una creencia errónea acerca de Dios.

No quiero complicar más el problema. Romanos 8 lo explica con claridad: una mente puesta en la carne lleva al pecado y a la muerte, pero una mente puesta en el Espíritu lleva a la vida y la paz.[7] Esa es la realidad que enfrentamos.

Cambiar nuestra mente de la carne por la del Espíritu es un trabajo constante en la vida espiritual. No es una decisión de una sola vez, sino de todos los días. Debemos elegir en cada momento salir del caos y la confusión e ir hacia la paz de Cristo en las distintas áreas de nuestros pensamientos.

Cada enemigo del que hablaremos aquí nos remonta a una realidad central: hay una batalla librándose por nuestras vidas. Entre nosotras y la victoria se encuentra una de estas tres barreras, o quizás las tres:

- el diablo;
- nuestras heridas;
- nuestro pecado.

A veces el ataque viene directamente de Satanás y su estrategia es bastante obvia. Él nos tienta con maldad y le encanta hacernos sufrir. Sin embargo, por lo general, es sigiloso. Nos tienta con éxito y nos hipnotiza con bienestar hasta que nos adormecemos y nos volvemos apáticos frente a lo que en verdad importa.[8]

También es cierto que, como vivimos en un mundo caído, la fragilidad es nuestro hogar (al menos por ahora). Vemos esta realidad por todos lados. En familias rotas o deseos que nunca parecen satisfacerse, las circunstancias nos sobrevienen constantemente y gritan: "¡Las cosas no son como deberían ser!" Sin embargo, casi no nos damos cuenta, porque es el único hogar que hemos conocido. Tendemos a llevar heridas muy profundas de nuestra fragilidad, casi sin darnos cuenta, y nunca las tratamos ni las sanamos.

Pero, por más difíciles que sean las dos primeras realidades, el problema más común que enfrentamos en esta vida toma la forma del pecado. Específicamente, *nuestro* pecado, las cosas que tú y yo hacemos. O las que *no* hacemos, cualquiera sea el caso.

La mayoría de las veces no es que nos va a derrotar un gran ataque demoníaco, sino que nuestras pequeñas elecciones van cumpliendo todo lo que el diablo pretende (nuestra pasividad y destrucción) sin esfuerzo de su parte. Él está ahí listo para «robar, matar y destruir».[9]

Honestamente, suele ser difícil saber cuál de las tres está detrás del ataque, pero, en conclusión: ¡estamos en guerra!

De ahí la necesidad de definir una estrategia.

LA MISIÓN

Para defendernos en medio de la batalla, aprenderemos a identificar a los enemigos específicos que cada uno enfrenta. Yo he identificado a siete enemigos que veo en general atacando nuestra mente. Aprenderemos a utilizar las armas correctas en el momento indicado para derrotar al enemigo, disfrutar una intimidad renovada con Jesús y caminar más libres que antes.

¡Uf! ¡Qué gran tarea!

Pero, gracias a Dios, Él es más grande.

Identificaremos las mentiras que nos amenazan. Aprenderemos a ver las señales que indican que la trampa del enemigo nos atrapó y aprenderemos a pelear la batalla contra nuestra mente. También aprenderemos lo que sucede cuando elegimos enfocar nuestros pensamientos en Dios, en la verdad de quién es Él y quiénes somos nosotras por medio de Él. Aprenderemos a adoptar hábitos como la comunión, el servicio y la gratitud mientras vivimos la verdad. Y, al final, saldremos victoriosas.

Esto nos guía al arma secreta que nos asegura el resultado de nuestra misión.

LA VICTORIA QUE ES NUESTRA

En Deuteronomio 20, Dios le recuerda a Israel que Él está con ellos en sus batallas y que también está con nosotros:

> Oye, Israel: este día ustedes van a entrar en combate contra sus enemigos. No se descorazonen. No tengan miedo ni se espanten. No pierdan el ánimo al enfrentarse a ellos, porque el Señor su Dios va con ustedes, y peleará en favor de ustedes contra sus enemigos, y les dará la victoria.[10]

¿Estás lista para las buenas noticias? Mediante el sacrificio de Jesús en la cruz, Dios ha hecho que nuestras batallas también sean suyas. Por medio de Jesús, cada batalla ha sido ganada. La victoria ya es tuya; ya es mía.

Solo nos resta proclamar esa victoria. Vamos a hablar tanto de los enemigos de nuestra mente como de las verdades que nos hacen libres. Si Dios está en nosotros y es por nosotros, entonces tú y yo podemos elegir luchar desde un lugar de victoria. Podemos estar confiadas en que Dios prevalecerá.

Hemos hablado de lo que significa llevar cautivo todo pensamiento y de ese pensamiento disruptivo: *puedo elegir*. Ahora estamos a punto de luchar contra los pensamientos que nos definen. Una vez que interrumpimos ese pensamiento, entramos en un terreno neutral.

Allí, debemos decidir si elegiremos la vida y la paz, es decir, la mente de Cristo y el fruto del Espíritu, o si elegiremos el pecado y la muerte, es decir, la mente de la carne.

En cada uno de los siete capítulos siguientes, vamos a reeducar nuestra mente para pensar en la verdad. A medida que luchemos con cada pensamiento tóxico y retorcido, comenzaremos a ver el fruto y la libertad de creer en la verdad, mientras caminamos momento a momento en nuestra identidad como hijas de Dios. El círculo vicioso y caótico que nos ha mantenido atrapadas por tanto tiempo le dará paso a la paz, la belleza y la vida abundante que nos da Jesús mediante su muerte.

SÍ, CLARO. TIEMPO DE QUIETUD CON DIOS.
¿HAS VISTO MI AGENDA?

NO SUELO SER LA CLASE DE PERSONA QUE
PREFIERE SU ESPACIO Y SOLEDAD.

ME VUELVO LOCA CUANDO TODO ESTÁ MUY
TRANQUILO.

SEGURO QUE DIOS TIENE MEJORES COSAS
QUE HACER QUE AYUDARME CON MIS
PEQUEÑOS PROBLEMAS.

NO TENGO TIEMPO PARA CALMARME.

ME SENTIRÉ MEJOR CUANDO TERMINE MI
LISTA DE COSAS PARA HACER.

8

GUARDA ESPACIO PARA EL SILENCIO

Elijo estar en quietud con Dios

Hace poco, una amiga se me acercó. Estaba tan decaída emocionalmente que hasta podías ver cómo eso le afectaba físicamente, así que puse mis manos alrededor de sus brazos, como sosteniéndola mientras hablaba (o manteniéndola en pie). Su matrimonio estaba complicado, uno de sus hijos estaba teniendo mala conducta, su ritmo de vida la estaba volviendo loca y un malentendido había causado un distanciamiento con una amiga suya muy querida.

La escuché contándome estos problemas y sabía que no tenía el poder para detener la espiral en ese momento. Si bien tenía muchos problemas prácticos que resolver, ella necesitaba, más que nada, lo único que puede traer paz.

—Te quiero —le dije mirándola a los ojos—, pero ahora necesitas a Jesús.

Sí, iba a haber tiempo para conectarnos.

Sí, la iba a ayudar en todo lo que pudiera.

Sí, mi amiga iba a necesitar el apoyo de su gente mientras avanzaba en el camino que tenía por delante.

Pero, ahora, mientras que todo giraba de forma desenfrenada, ella necesitaba estar a solas con Dios. Necesitaba lo que solo Jesús puede dar.

Le dije:

—Ahora yo voy a irme, pero tú debes pasar treinta minutos a solas con Dios.

Ella accedió.

En la tranquilidad y el silencio, no solo conectamos con Dios, sino que también tenemos mejor disposición para identificar claramente aquello que está mal. Reconocer nuestras espirales y darles nombre es el primer paso para detenerlas.

Ella había estado girando en espiral desesperada, muriendo por obtener respuestas, sin embargo, cuando la llamé al día siguiente, lo único que tenía para decirme eran las veinte razones por las cuales no había tenido tiempo de estar a solas con Dios. ¡Oh!, ahí lo entendí. ¡Yo soy igual!

¿Por qué lo mejor y lo más sencillo para que nuestras almas estén sanas es tan difícil de hacer?

Les diré por qué: el tiempo íntimo, real y de conexión con Jesús es lo único que puede aumentar nuestra fe, cambiar nuestra mente y traer renovación a nuestra alma. Además, nos impulsa a compartir a Jesús con otros. Allí es cuando se detiene la espiral. Por lo tanto, todo el infierno quiere impedir que nos encontremos con Jesús.

EL ESCAPAR A LAS OCUPACIONES

Durante mis dieciocho meses de dudas y pesadez, no elegía estar tiempo a solas con Dios, más allá del estudio y la preparación de la clase bíblica. Solía pasar la noche y vencer el cansancio con café y luego más café, mientras iba ocupándome del día. Pensaba que, si podía mantenerme ocupada, mis pensamientos inestables se irían y la duda no podría alcanzarme. Si me mantenía distraída, no sentiría dolor.

Si me detenía lo suficiente como para ver mi alma, me sentiría agobiada con todo lo que necesitaba solucionar dentro de mí. No quería oír lo que Dios quería decirme, ni correr el riesgo de que Él permaneciera en silencio o escondido, y que eso intensificara mis dudas acerca de su existencia y su amor.

Hay muchas formas de evitar el silencio, distintos tipos de ruidos que elegimos para llenar el enorme vacío de nuestras almas. Las redes sociales son la forma más obvia. Dejamos la música sonando en el auto o en nuestros auriculares. Llenamos nuestros horarios con todas las cosas buenas que creemos que deberíamos hacer. Hacemos malabares con tareas demandantes e intentamos estar al día con una cantidad irreal de amigos. Y, sin embargo, nos sentimos solos. Muchas veces, hacemos cosas para Dios, pero casi no nos encontramos con Él y sentimos que estamos fallando por donde lo miremos.

En medio de todas estas ocupaciones, se nos hace imposible escuchar la voz de Dios diciéndonos: «Estad quietos, y conoced que yo soy Dios».[1]

¿De qué estamos huyendo? ¿Qué nos impide hacer tiempo y espacio para esa quietud que necesitamos con desesperación?

¿Estás lista?

Sí, estamos ocupadas y distraídas y se nos hace muy difícil sentarnos tranquilas.

Pero también tenemos miedo de enfrentarnos a nosotras mismas y, a su vez, a Dios.

Nos da miedo que nos descubra.

Olvidamos que Él no solo nos ama, sino que también le agrada estar con nosotras.

Sí, Él ve todo, hasta conoce cada pensamiento aún antes de que lo tengamos, dice el salmista.[2] Pero, de algún modo, a diferencia de los humanos, Él tiene gracia para todos.

Sin embargo, así como Adán y Eva en el jardín del Edén, nosotras estamos desnudas y asustadas en nuestra vida, por lo tanto, elegimos escondernos.

¿Qué tanto tememos que se descubra? Aquí hay algunas cosas que he visto, tanto en mi propia vida como en la de aquellos que conozco y amo:

1. *Miedo de que se nos ponga a trabajar.* Sentarse a solas con Dios es una forma de llevar a la superficie de nuestra consciencia los elementos de acción que tanto intentamos evitar. ¿Necesitas perdonar a alguien que te ofendió?; ¿acercarte a la persona que heriste?; ¿cumplir con un compromiso que has estado descuidando? Sentarte en silencio con Dios te recordará estas cosas y mil más.

2. *Miedo de que se nos pida cambiar.* Aún peor, ¿qué pasa si la soledad no solo revela una acción específica que necesitas realizar sino toda una cuestión de la que necesitas arrepentirte? El hábito adormecedor nocturno; la tendencia a gritarle a tus hijos o el uso de Facebook en tu horario de trabajo. Si no creamos un tiempo en el que el Espíritu Santo pueda ayudarnos a analizar la calidad de nuestra vida, nos convencemos a nosotras mismas de que no necesitamos analizarla. Fácil, ¿verdad? Sí, pero no es la mejor forma de abordarlo.[3]

3. *Miedo de estar completamente solos en el mundo.* Claramente, este me toca de cerca. ¿Por qué me rehusé a tener un tiempo a solas durante esos dieciocho meses? Porque tenía miedo de que, si intentaba llamar a Dios, nadie respondiera mi llamado. Odio no haber acortado esa distancia antes.

El tiempo de silencio no es tan silencioso, ¿no? En realidad, cuando todos los sonidos que nos rodean comienzan a desaparecer, nuestra mente se vuelve más ruidosa.

Detrás de cada uno de estos miedos existe una mentira: *no puedo presentarme ante Dios así como estoy.* A simple vista, solo podemos ver nuestro desastre. Pero esta es la verdad: somos un desastre, todos y cada uno de nosotros. Es exactamente por eso que necesitamos tiempo a solas con Dios, en silencio, para poder oír su voz de sanidad. Tenemos que elegir entre el caos y el silencio; entre el ruido y el tiempo a solas con Dios; entre la negación y la sanidad.

¿Por qué es peligroso seguir creyendo esta mentira? Porque los humanos nunca somos neutrales. Siempre estamos acercándonos a algo o alejándonos de algo.

El antídoto para alejarnos de nosotros mismos es correr hacia el único que nos puede ayudar a superarnos. La mentira es que seremos avergonzados. **La verdad es que el Dios creador y soberano del universo, el que conquistó el pecado y la muerte, es el mismo Dios que quiere estar contigo en tu dolor, tu duda, tu vergüenza y todas tus circunstancias.** «Su benignidad te guía al arrepentimiento».[4]

MENTIRA: Me sentiré mejor si me distraigo.

VERDAD: Solo me saciaré estando con Dios.

«Vale más pasar un día en tus atrios que mil fuera de ellos».[5]

ELIJO ESTAR EN QUIETUD CON DIOS.

Cuando retomé mi contacto con Dios, lo que se volvió totalmente claro para mí fue que los miedos que tenía acerca de conectarme con Él no tenían ningún fundamento. Esto no debería ser una sorpresa. Si yo te pidiera completar la oración: "Si nos acercamos a Dios…", ¿qué seguiría? *"Él se acercará a nosotros"*.

Esto está tomado de Santiago 4, de un pasaje que advierte a los creyentes que no se dejen dominar por las cosas del mundo. El apóstol escribió:

> ¡Ay, gente adúltera! ¿No saben que la amistad con el mundo es enemistad con Dios? Todo aquel que quiera ser amigo del mundo, se declara enemigo de Dios. No crean que la Escritura dice en vano: —Ardientemente nos desea el Espíritu que él ha hecho habitar en nosotros—. Pero la gracia que él nos da es mayor. Por eso dice: —Dios se opone a los soberbios, y da gracia a los humildes—. Por lo tanto, sométanse a Dios; opongan resistencia al diablo, y él huirá de ustedes.[6]

Y luego, para resumir, escribió: «Acérquense a Dios, y él se acercará a ustedes».[7]

Cuando nos humillamos ante Dios y nos rendimos a Él por completo, sin importar lo que nos ha apartado (ni lo que hicimos mientras estuvimos lejos o por cuánto tiempo permitimos que creciera la brecha) podemos ver que Él siempre estuvo allí, esperando que regresáramos.

EMOCIÓN
INSATISFACCIÓN

PENSAMIENTO
ME SENTIRÉ MEJOR
SI ME DISTRAIGO

CONDUCTA
INFORMACIÓN CONSTANTE

RELACIONES
DEMANDANTE
Y DESESPERADA

CONSECUENCIA
INSEGURIDAD

CONSECUENCIA
SEGURIDAD

RELACIONES
TRANQUILA
Y RECONFORTANTE

CONDUCTA
ORACIÓN Y MEDITACIÓN

PENSAMIENTO
SOLO ESTAR CON DIOS
ME PUEDE SATISFACER

ELIJO ESTAR EN QUIETUD

EMOCIÓN
INSATISFACCIÓN

EL PODER DE LA ATENCIÓN

Amiga, fuimos construidas físicamente para estar en silencio. Dios nos diseñó de esa forma y la ciencia confirma ese diseño. Además del impacto espiritual del tiempo a solas con Dios, según el campo emergente de la neuroteología, la meditación en silencio cambia nuestro cerebro casi literalmente.

Cuando apagas las distracciones constantes y te sientas en silencio ante Dios, enfocándote solo en su Palabra y meditando realmente en ella, suceden varias cosas:

- Tu cerebro se altera psicológicamente. «Los científicos han descubierto que el cerebro de la gente que pasa varias horas en oración y meditación es diferente».[8]
- Tu imaginación se reconecta. «Los pensamientos inapropiados se pueden combatir con pensamientos positivos, como pensar en un nuevo pasatiempo, escuchar música, repetir una frase inspiradora o alguna otra actividad positiva», escribió Sam Black de Covenant Eyes [una aplicación para bloquear la pornografía en línea].[9]
- Aumenta el tipo de ondas cerebrales que participan durante la relajación y disminuyen la ansiedad y la depresión. «Varios estudios han demostrado que los sujetos que meditaban por un período corto de tiempo mostraron un aumento de las ondas alfa (las ondas cerebrales de relajación) y una disminución de la ansiedad y la depresión».[10]
- Tu cerebro se mantiene joven por más tiempo. «Un estudio de la UCLA [Universidad de California] descubrió que, a largo plazo, las personas que meditaban tenían mejor preservado el cerebro a medida que envejecían que quienes no meditaban».[11]

- Tendrás menos pensamientos divagantes. «Uno de los estudios más interesantes de los últimos años, realizado en la Universidad Yale, descubrió que la meditación consciente disminuye la actividad en la red neuronal por defecto (RND), la red del cerebro responsable de las divagaciones y los pensamientos autorreferenciales, también conocido como 'monkey mind' [mente de mono]».[12]
- Tu perspectiva cambiará con el tiempo. El maestro de la Biblia, Charles Stanley, escribió: «Cuando tomamos tiempo para escuchar lo que Dios tiene para decirnos, veremos cuánto nos ama y nos quiere ayudar en cada situación de la vida. Él nos da la confianza para tener vidas extraordinarias en el poder de su Espíritu y de su gracia».[13]

Vuelve a mirar la historia de Saulo encontrándose con Jesús camino a Damasco y verás que, como se le quitaron todas las distracciones de su vida (no solo el alimento y el agua, sino también *la vista*), pudo *ver con claridad por primera vez en su vida*. Al igual que Saulo, cuando llevamos nuestros pensamientos acerca de los problemas al único que tiene la solución en sus manos, adquirimos una sabiduría y una visión que no obtendríamos de ninguna otra forma. Encontramos al único que está *dispuesto* a ayudarnos y que *puede* hacerlo y, por lo tanto, es el único que está preparado para intervenir.

Así, podemos ver las cosas como realmente son y no como parecen.

¿Cuántas veces nos hemos creado historias enteras basadas en el peor de los escenarios posibles? ¿Cuántas veces nos hemos imaginado que alguien está enojado con nosotras simplemente por una mirada de reojo que no tenía nada que ver con nuestra persona?

Somos capaces de construir toda una narrativa que cobra vida por sí misma, basada en suposiciones y en una imaginación hiperactiva, todo porque hacemos caso a los miedos, las distracciones y a los peores escenarios.

Ya se ha dicho, y creo que es verdad, que el bien más valioso que tenemos es nuestra atención. Esto hace surgir la siguiente pregunta: ¿a qué le estamos poniendo atención?

¿Le estamos poniendo atención a nuestro miedo o al Dios que promete estar con nosotros?

¿Le estamos poniendo atención a nuestra duda o a la verdad que nunca cambia?

¿Le estamos poniendo atención a nuestra necesidad de control o al plan de Dios para nosotras, incluso si el caos inunda nuestra realidad actual?

¿Le estamos poniendo atención a compararnos con los demás o a nuestra gratitud por todo lo que Dios ha hecho por nosotras?

¿Le estamos poniendo atención a nuestras preocupaciones acerca de nuestra salud, nuestras cuentas bancarias, nuestras carreras, nuestros esposos, nuestros hijos, nuestros arrepentimientos y nuestro pasado, o al Dios viviente?

En mi experiencia, podemos hacer una cosa o la otra, pero no podemos hacer ambas al mismo tiempo. Le pondremos atención a las cosas que nos están destruyendo o tomaremos la carga ligera de Cristo. Jesús dijo: «Venid a mí todos los que estáis trabajados y cargados, y yo os haré descansar. Llevad mi yugo sobre vosotros, y aprended de mí, que soy manso y humilde de corazón; y hallaréis descanso para vuestras almas; porque mi yugo es fácil, y ligera mi carga».[14] Él dice: «Vengan a mí, estén quietos y conozcan que yo soy Dios».

PERO PRIMERO, INSTAGRAM

En una típica mañana de lunes, llevé a los niños a la escuela, mientras deseaba tener un tiempo a solas con Dios y recibir su aporte, su sabiduría y su fortaleza. De haber tenido otra mentalidad, hubiese regresado a casa luego de dejar a los niños y hubiese preparado una taza de café caliente. Me hubiese puesto cómoda en el sillón grande de la sala, en el silencio que me rodeaba y me hubiese comunicado con Él... Pero, yo soy yo.

Fui con el auto hacia la iglesia y llegué lo más rápido que pude (cumpliendo las normas).

Nuestra iglesia es un lugar enorme. El estacionamiento es grande. El auditorio es grande. La capilla es grande. ¿El área de la cafetería? También es grande, lo que significa que puede haber una gran cantidad de gente todo el tiempo. Me encantan las multitudes, incluso en esas mañanas en las que mi objetivo es la soledad. Estaciono, ingreso, busco una mesa en el patio cubierto, ordeno una taza de café y comienzo a acomodarme en una silla de madera con respaldo inclinado. Antes de que mi espalda llegue a tocar la silla, oigo a alguna amiga decir "¡Jennie!" mientras se acerca a mí. "Ah, mi gente. ¡Hola! ¡Hola!"

Mientras charlo con una amiga, llega otra amiga y se acerca a conversar un poco. Cuando la primera se disculpa para atender una llamada, se acerca un conocido de la segunda amiga. Y así continuamente, un flujo infinito de interacciones y charlas: una amiga que se acerca, una amiga de ella que se detiene a hablar con nosotras y... antes de darme cuenta, ya ha pasado media hora. Está bien. Siempre sucede así. Debido a mi extroversión implacable, necesito que sea así.

A medida que esas conocidas y amigas continúan con sus planes y conversaciones que tenían planeadas para ese día, yo regreso a la silla de madera. Tomo los auriculares de mi mochila, de esos grandes que no dejan lugar a dudas de que estoy "ocupada en otra cosa". Los coloco sobre mis orejas, saco mi Biblia, mi diario, un bolígrafo y, por los siguientes treinta o cuarenta minutos, me encuentro con el Dios viviente. Bueno, justo después de recorrer mis redes sociales y mensajes: Instagram, correo electrónico, Facebook y, de nuevo, Instagram.

¡Ay! Honestamente, de todo el arduo trabajo que he hecho este último año para llevar cautivos mis pensamientos, este ha sido el más difícil de todos, sentarme a solas en silencio. Al mismo tiempo, el plan más útil en el año, desde ese viaje a Uganda, es el hábito de pasar tiempo a solas con Dios. Por eso quiero abordarlo aquí, al comienzo de nuestra batalla contra los patrones de pensamiento mundanos.

Aquí es donde cambia nuestra mentalidad. **La conexión con Dios es el fundamento de cualquier otra herramienta que Él nos da para luchar.** Comenzamos por esto porque, si lo que queremos es un cambio sobrenatural, debemos ir a nuestro Dios sobrenatural para encontrarlo.

Quiero que veamos de cerca Gálatas 5, donde Pablo describió los efectos de retirarse de la presencia de Dios y de acercarse a ella. «Digo, pues: Vivan según el Espíritu, y no satisfagan los deseos de la carne», escribió.

> Porque el deseo de la carne se opone al Espíritu, y el del Espíritu se opone a la carne; y éstos se oponen entre sí para que ustedes no hagan lo que quisieran hacer. Pero si ustedes son guiados por el Espíritu, no están ya sujetos a la ley. Las obras de la carne se manifiestan en adulterio, fornicación, inmundicia, lascivia, idolatría, hechicerías, enemistades, pleitos, celos, iras, contiendas, disensiones, herejías, envidias, homicidios, borracheras, orgías, y cosas semejantes a éstas. Acerca de ellas les advierto, como ya antes les he dicho, que los que practican

tales cosas no heredarán el reino de Dios. Pero el fruto del Espíritu es amor, gozo, paz, paciencia, benignidad, bondad, fe, mansedumbre, templanza. Contra tales cosas no hay ley. Y los que son de Cristo han crucificado la carne con sus pasiones y deseos. Si vivimos por el Espíritu, vivamos también según el Espíritu. No nos hagamos vanidosos, ni nos irritemos unos a otros, ni sintamos envidia entre nosotros.[15]

Ahora bien, es fácil mirar esa lista de obras de la carne y hacernos un análisis general a nosotras mismas. Personalmente, yo no suelo ser tentada por la hechicería, las borracheras o las orgías, pero me libero de mis propias obras de la carne: mi amado Netflix, los ataques de ira que mis hijos me provocan y lo que me separó de Dios durante un año y medio.

¡Cuánto necesitaba su presencia!

Aún ahora la necesito.

¿Por qué? Porque aun mi mejor día no se compara con la realidad que Él dice que puedo vivir. Y lo mismo es real para ti.

Porque el fruto del Espíritu puede ser nuestra nueva forma de ser. Pablo dice que podemos ser personas que amen, no solo de vez en cuando, sino de forma deliberada.

Él dice que podemos ser personas llenas de gozo. Podemos ser personas de bondad, paciencia y paz.

Dice que podemos ser personas buenas. No para llenar un casillero, sino simplemente porque nuestro Padre es bueno.

Él dice que podemos ser fieles. *No debemos flaquear en nuestra fe*. Desearía haber estado conectada con esta verdad hace un año y medio. Por la gracia de Dios hoy puedo hacerlo.

Él dice que podemos tener mansedumbre y templanza.

Sin embargo, si tú y yo queremos vivir esto, no solo como una posibilidad sino como una realidad diaria en todo momento, necesitamos caminar en el Espíritu sin ser sacudidos por nuestros pensamientos caóticos. En otras palabras, necesitamos con urgencia pasar tiempo en la presencia de Dios.

Podemos decirle: "Padre, ayúdame a ver las cosas como verdaderamente son *y no como a mí me* parecen".

¿EN QUÉ PIENSAS REALMENTE?

Cuando en un grupo estábamos hablando de elegir pasar tiempo con Dios por encima de nuestras distracciones, mi amiga Caroline, que es estudiante de último año en una universidad cercana, me dijo:

—Jennie, sé que se supone que debo pensar en Dios en lugar de pensar en todo este caos y desorden. Pero, te hago una pregunta: ¿qué es lo que piensas cuando piensas en Dios?

Tomé asiento, sorprendida porque la mujer más joven del lugar había dado con la verdadera pregunta. No puedes simplemente dar un lindo cliché como respuesta a esta gran cuestión de pensar en Dios. Si este es un llamado final para habitar en Cristo, entonces, ¿cómo podemos hacerlo de forma práctica?

¿Recuerdas ese mapa mental que te hice hacer, donde reconociste la emoción que más tenías presente y por qué? Déjame mostrarte cómo es que la práctica de la quietud y la soledad en la presencia de Dios es la base de nuestra estrategia para detener cualquier tipo de patrón de pensamiento caótico. Cuando mires tu mapa mental, ten en cuenta que pensar en Dios puede cambiar fácilmente esa espiral de pensamientos.

Digamos que estás enterrada debajo de un montón de estrés y ansiedad por alguna situación en el trabajo. Así es como probablemente los pensamientos comienzan a abrirse paso en tu mente:

- Estoy abrumada porque tengo demasiadas cosas que hacer.
- Estoy molesta porque no me dieron el ascenso que merecía.

- Estoy ansiosa porque voy atrasada en mi proyecto y decepciono a la gente.
- Estoy frustrada porque mi jefa es una controladora excesiva.
- Estoy enojada porque fue grosera conmigo.
- Estoy estresada porque trabajo mil horas y, aun así, no llego a fin de mes.

Ahora, verás que existe una estructura en cada uno de estos pensamientos.

[Sentimiento negativo] *porque* [motivo].

- Estoy estresada *porque* trabajo muchas horas.
- Estoy frustrada *porque* mi jefa no confía en mí.
- Estoy enojada *porque* fue grosera conmigo.

Lo que quiero que veas aquí y en los próximos capítulos es que, con cada arma que Dios nos ha dado para pelear esta batalla por nuestra mente, debemos reescribir esa estructura mientras retomamos el poder que Él nos ha dado.

En otras palabras, podemos reformular cognitivamente nuestras situaciones con esta nueva estructura. Sería algo así:

[Sentimiento negativo] *y* [motivo], *por eso voy a* [decisión].[16]

- Estoy molesta *y* no me tuvieron en cuenta, *por eso voy a* recordar que Dios no me ha olvidado.
- Estoy enojada *y* ella fue grosera conmigo, *por eso voy a* meditar en la bondad de Dios hacia mí.
- Estoy abrumada *y* tengo demasiadas cosas que hacer, *por eso voy a* hacer una pausa y agradecer a Dios por existir más allá de los límites del tiempo y por impulsarme a alcanzar solo aquello que necesito hacer.

- Estoy estresada *y* me preocupan mis finanzas, *por eso voy a* orar en lugar de preocuparme.

Cuando estás atrapada dentro de la distracción, existe una verdad que puede cambiar tus pensamientos para combatir esa mentira de que cualquier cosa puede satisfacerte de igual forma que el tiempo de quietud con Dios, ¿cuál es esa verdad?

Durante un estudio bíblico en nuestra iglesia acerca del libro de Filipenses, mi amiga Rachel nos sorprendió a todos con un poema que había escrito acerca de guardar nuestros corazones y nuestros pensamientos.

A los pocos segundos de escuchar a Rachel, me di cuenta de que, tal vez, podría utilizar menos palabras en la vida, porque ella resumió cinco semanas de enseñanza de una forma muy poética. Todos nos sentimos identificados con sus palabras, lo que significa que no estamos solos en nuestros pensamientos. ¿Es posible que todos hayamos estado luchando la misma batalla? Esto es lo que ella compartió con nosotros:

La mente está dañada.
Camina, acelera y corre. Me lleva a lugares que
me consumen, me distraen y me tientan a creer
que no soy buena, no... que nunca lo seré.

Debes luchar para sobrevivir,
florecer, seguir vivo en este mundo
donde cambian y te envuelven los ideales,
las imágenes, los ídolos y los íconos

Debes luchar por tu valor,
limpiarte,
hacer más, ser mejor,

no muestres debilidad, sé fuerte,
intenta ser digno,
recoge tesoros, baratijas y otras cosas.
Tal vez así… alguien te amará.

Sí, la mente está dañada.
Si no estás en guardia y te relajas,
puede atacarte, tomarte y atraparte,
dejarte atascado, egocéntrico, dormido y esclavizado.

Pero "el que está en Cristo, nueva criatura es.
Las cosas viejas pasaron, he aquí todas son hechas nuevas".
Tu mente no tiene que estar fuera de control.
Esos pensamientos y ciclos pueden detenerse.

No estás desarmado; tienes herramientas para detener
los pensamientos acelerados,
incansables, infinitos, repetitivos, que derrotan,
que distraen, que desorientan, que consumen, que controlan.

¡Sí! Puedes interrumpirlos y combatir las mentiras,
los dardos del enemigo que vuelan en la oscuridad de la noche.
Vienen por ti, pero no quieren que los descubras.
Tú tienes la Palabra, tienes luz, tienes vida.

Despierta de esa perspectiva distorsionada que te mantiene en-
    focado en ti con desesperación.
En su lugar, fija tu mirada para ver, conocer y entender lo que
    realmente importa.
No eres una víctima de tu mente,
porque si estás en Cristo, tienes la victoria.

Un Dios que te ama, te conoce, te ve, te ha mostrado
un amor tan radical, íntimo, personal y tan desenfrenado
que preferiría perder un hijo dolorosamente
para reconciliar a toda la humanidad. "Siendo aún pecadores,
      Cristo murió por nosotros".

Es difícil entender por completo la inmensidad de su persewe-
      rancia,
su misericordia y su gracia que van más allá de cualquier error
      que hayamos cometido
para sacarnos del pozo en el que alguna vez estuvimos.
Y si realmente lo conocieras, lo amarías.
Le creerías.
Y matarías cualquier semilla de pensamiento que tuerza, frus-
      tre o quite tu mente de
todo lo que es verdadero,
honesto,
justo,
puro,
amable,
de buen nombre.

Sí, la mente está dañada,
pero el Espíritu de Dios habita más profundo, su Palabra suena
      más real,
porque en Cristo Jesús somos libres.[17]

Somos libres. ¿Viviremos en comunión con Él, conscientes de su
realidad, o permaneceremos en nuestra mente dañada?
      Podemos elegir.

LA GENTE NO SE ME ACERCA MUCHO.

SI LA GENTE SUPIERA LO MUCHO QUE ME
HE EQUIVOCADO, SALDRÍA CORRIENDO.

NO SOY UNA PERSONA MUY SOCIABLE.
SIEMPRE HE SIDO UN POCO SOLITARIA
Y ME GUSTA SER ASÍ.

A LA GENTE NO LE IMPORTA POR
LO QUE ESTOY PASANDO.

LA GENTE NO NECESITA
OÍR MIS PROBLEMAS.

UN SALVAVIDAS

Elijo ser conocida

Antes de que Zac y yo adoptáramos a nuestro hijo Cooper, quien vivió los primeros cuatro años de su vida en un orfanato en las colinas de Ruanda, tuvimos un "entrenamiento de adopción" (no se llamaba así exactamente, pero era eso). Nunca habíamos adoptado a un niño, así que atendíamos con entusiasmo a cada lección, con el impulso de hacerlo bien.

Tantos años después, casi todo el conocimiento que había adquirido durante esas clases se borró de mi memoria, pero una lección se aferró tan fuerte a mi corazón que imagino que la recordaré por siempre. La lección era esta: si quieres que tu hijo progrese, *hazlo sentirse visto y amado.*

Sentirse visto y amado, esto es absolutamente todo, el fundamento y la base sobre la que nos construimos y progresamos. Cuando no tenemos esto, todo a nuestro alrededor parece desmoronarse sin sentido ni esperanza. Como dijo el escritor y consejero Larry Crabb: «La mentira que más solemos creer es que podemos conocer a Dios sin que alguien más nos conozca a nosotros».[1]

Fuimos creadas para ser vistas y amadas.

Cuando estaba planificando este libro, soñando con el impacto que tendría, recuerdo que le conté a una amiga "que está muy interesada en la neurología" mi intención de que "todo el país cambiara su mente", de que miles de personas sepan que realmente es posible llevar cautivos sus pensamientos, de que *el mundo entero* finalmente comience a derribar fortalezas, y más. Estaba tan apasionada por mi visión que no dejaba de hablar. Mi amiga me escuchó con paciencia y, cuando finalmente di un respiro, me dijo: "Sabes, Jennie, nadie cambia *nada* solo con un libro".

¡Uh! Fue un golpe duro. ¡Auch!

Por supuesto, mi amiga tenía razón. No podemos acurrucarnos en nuestro sofá, leer las páginas de un libro, orar y simplemente disponer nuestra mente al cambio. A Dios no solo le importa la actitud de nuestros corazones sino la gente que está con nosotros. Si de completar nuestra misión en esta vida se trata, no podemos hacer nada útil por nuestra cuenta.

Dios mismo existe en comunión. La Trinidad está formada por el Padre, el Hijo y el Espíritu Santo. Tres personas, un solo Dios. Una comunión perfecta. Como Dios mismo vive en comunión, Él también nos formó a nosotros para vivir de esta manera. El apóstol Pablo también dio muchas instrucciones sobre cómo debemos comportarnos los unos con los otros: «Ámense los unos a los otros con amor fraternal, respetándose y honrándose mutuamente». «Vivan en armonía los unos con los otros». «Consuélense, sean de un mismo sentir, y vivan en paz». «No usen la libertad como pretexto para pecar; más bien, sírvanse los unos a los otros por amor». «Sean bondadosos y misericordiosos, y perdónense unos a otros».[2]

He notado que la idea de vivir en comunión es otra *orden* que solemos tomar como *sugerencia*. Tal vez la tenemos presente, pero cuando las cosas se complican, la hacemos a un lado.

La comunión es esencial. Vivimos en una generación que idolatra lo único que Dios nos llama a abandonar: la independencia. La totalidad de las Escrituras habla de la comunión como una cualidad de la vida de un seguidor de Dios. En el Antiguo Testamento la comunión se desarrolla dentro de un grupo de personas, mientras que en el Nuevo Testamento se desarrolla dentro de las iglesias locales.

Somos habitantes de un pueblo que fue creado para ser conocido, amado y visto. Casi todos los grupos de personas de cada generación se han reunido alrededor de fogatas en comunidades que lograban esto, aunque fueran imperfectas.

Incluso hoy, gran parte del mundo vive en pueblos. Hace poco mi esposo y yo estábamos en un pequeño pueblo en Europa y visitamos un almacén. El hombre que estaba en el mostrador quiso saber quiénes éramos y de dónde veníamos, porque conocía a todos los que iban a su tienda. Y nosotros éramos extraños.

Me pregunto si nosotras, como iglesia, como estadounidenses, como mujeres, aun nos vemos como habitantes de un pueblo, si nos sentimos como aquellas que son conocidas, amadas y vistas. Creo que sé la respuesta. Creo que la respuesta es no.

LA TENTACIÓN DE ANDAR SOLAS

Vimos que el primer enemigo, la distracción, nos impide buscar la ayuda de Dios para solucionar el caos de nuestra cabeza. Este segundo enemigo, la vergüenza, nos impide pedirle ayuda a los demás.

Mi intención no era aislarme en mis dudas durante dieciocho meses, solo que nunca me acerqué a nadie para expresar en voz alta lo que me estaba sucediendo.

Mi amigo Curt Thompson, un psiquiatra y excelente pensador en todo lo relacionado al cerebro, dice que no importa qué tan fuerte se vea alguien por fuera, todos los habitantes del planeta tienen profundamente arraigado este miedo que los acecha día a día. Ese miedo nos susurra: *si alguien te conociera de verdad, se alejaría de ti.* Esta es la mentira de la vergüenza que destruye tu autoestima, que te recuerda una y otra vez el verdadero yo que deseas ocultar.

No sé exactamente cuáles son las palabras que utiliza este temor para molestarte a ti, pero si te pareces en algo a todas las mujeres con las que he hablado a lo largo de los años, entonces tus
miedos probablemente suenen a algo como esto:

- *Si la gente supiera lo que he hecho, no querrían nada conmigo.*
- *Si la gente viera quién soy realmente, correrían para ale-
  jarse de mí.*
- *Si la gente supiera lo que soy capaz de pensar, me expulsa-
  rían de sus vidas.*

Tal vez, la voz de este miedo sea aún más sutil:

- *¿Para qué voy a molestar a los demás con mis problemas?*
- *No puedo con esto.*
- *De todos modos, ¿qué ganaría si dejara entrar a alguien?*

Cuando prestamos oído a estas mentiras acerca de nuestro valor,
naturalmente nos alejamos de los demás. En muchos casos, nuestra conducta distante logra alejar a la gente, reforzando ese miedo
al rechazo. Esta es una clásica trampa mental, un pensamiento
retroalimentado en el que nuestra inseguridad alimenta nuestro
aislamiento y esto último termina alimentando la mentira de que
somos inútiles y nadie nos entiende ni se preocupa por nosotras.
Sentimos que nadie nos tiene en cuenta, que ni nos ven ni nos
aman y, para protegernos de un mayor rechazo, no dejamos que
nadie se acerque lo suficiente como para cambiar nuestra per-
cepción.

Poco a poco, aceptamos la mentira de que debemos vivir a solas, que debemos aislarnos para evitar arriesgarnos a la exposición
y al rechazo.

Sin embargo, la verdad es que estamos diseñadas a imagen de un Dios santo, que encarna la comunión y que nos invita a ser parte de su familia. Fuimos creadas para vivir en comunión.

MENTIRA: Puedo resolver mis propios problemas.

VERDAD: Dios me hace vivir siendo conocida y amada.

«Si andamos en luz, como él está en luz,
tenemos comunión unos con otros, y la sangre de
Jesucristo su Hijo nos limpia de todo pecado».[3]

ELIJO SER CONOCIDA.

PROGRAMADOS PARA CONECTARNOS

Nuestros cuerpos están programados para conectarse con otros. ¿Alguna vez has oído de las neuronas espejo? Cuando te sientas frente a una amiga en un café, se enciende el sistema de neuronas espejo de ambas. Estas neuronas trabajan cuando tu amiga sonríe, y te hacen experimentar ese sentimiento asociado con la sonrisa.

Las neuronas espejo te ayudan a sentir lo que el otro siente. De esta forma, la empatía no es una reacción forzada, sino una respuesta automática que tiene nuestro cuerpo hacia el otro. Un investigador llegó a decir que, de hecho, no existe tal cosa como el inconformismo, y escribió que «el ser es más la autopista para una influencia social que la fortaleza privada e impenetrable que creemos que es».[4]

Aunque tú y yo podamos reconocer muchas de las formas en que las conexiones interpersonales nos han influenciado desde la infancia hasta la actualidad —según un consejero en salud mental,

Podemos elegir

EMOCIÓN
VERGÜENZA

PENSAMIENTO
PUEDO RESOLVER MIS
PROPIOS PROBLEMAS

CONDUCTA
CONSTRUIR MUROS

RELACIONES
AISLAMIENTO

CONSECUENCIA
SOLEDAD

CONSECUENCIA
SER CONOCIDA

RELACIONES
CONEXIÓN

CONDUCTA
CONSTRUIR PUENTES

PENSAMIENTO
DIOS ME HIZO PARA VIVIR
SIENDO CONOCIDA Y AMADA

ELIJO SER CONOCIDA

EMOCIÓN
VERGÜENZA

las respuestas del primer cuidador son el "alimento cerebral" para la mente en desarrollo—[5], no son tan obvias las formas en que la *desconexión* alerta a nuestro cerebro.

La parte de tu cerebro que se activa cuando te sientes rechazada por una amiga o no te sientes bienvenida, es la misma que se activa cuando tienes un dolor físico.[6] Tal vez, es por esto que las rupturas y el fin de las amistades duelen literalmente.

Cuando tú y yo nos aislamos, nos ponemos en un modo de autodefensa. Le podemos responder mal a una amiga que dice algo inadecuado en el momento incorrecto o podemos ponernos a la defensiva cuando un compañero de trabajo hace una crítica amable a nuestro proyecto. La soledad puede hacernos creer que todo es una amenaza, aunque realmente no haya ninguna.

Se ha vinculado a la soledad con las enfermedades del corazón.

Y con la depresión.

Y con el estrés crónico.

Y con las alteraciones del sueño.[7]

Si queremos acercarnos completamente a la vida que Jesús mismo moldeó, entonces tendremos que hacer una vida junto a otros en lugar de elegir caminar solas. No nos hicieron para celebrar las victorias solos. No nos hicieron para sufrir las dificultades solos. No nos hicieron para transitar solos por la cotidianeidad de la vida. No nos hicieron para estar solos con nuestros pensamientos (¿esta última te alegra tanto como a mí? ¡Qué lugar terrorífico puede llegar a ser la mente!). Todos fuimos creados para extendernos la mano, para conectar, para estar ligados a los demás. Fuimos hechos para vivir juntos en la luz.

El apóstol Pablo describe de una manera hermosa esta forma de vivir:

Por tanto, si hay alguna consolación en Cristo, si algún consuelo de amor, si alguna comunión del Espíritu, si algún afecto entrañable, si alguna misericordia, completad mi gozo, sintiendo lo mismo, teniendo el mismo amor, unánimes, sintiendo una misma cosa.[8]

Él nos dio instrucciones claras acerca de cómo se ve esto en nuestras interacciones:

Vestíos, pues, como escogidos de Dios, santos y amados, de entrañable misericordia, de benignidad, de humildad, de mansedumbre, de paciencia; soportándoos unos a otros, y perdonándoos unos a otros si alguno tuviere queja contra otro. De la manera que Cristo os perdonó, así también hacedlo vosotros. Y sobre todas estas cosas vestíos de amor, que es el vínculo perfecto. Y la paz de Dios gobierne en vuestros corazones, a la que asimismo fuisteis llamados en un solo cuerpo; y sed agradecidos. La palabra de Cristo more en abundancia en vosotros, enseñándoos y exhortándoos unos a otros en toda sabiduría, cantando con gracia en vuestros corazones al Señor con salmos e himnos y cánticos espirituales.[9]

Eso es demasiada unidad, ¿cierto?

Varios de mis amigos son consultores o psicólogos, y todos me han confirmado lo mismo: la prevalencia de la terapia grupal está en aumento porque *da resultado*, incluso cuando no muchas otras técnicas lo hacen. **No solo es reconfortante tener a alguien más de nuestro lado, sino que se ha comprobado científicamente que es *sanador*.**[10]

Al investigar los efectos del estrés en la conducta femenina, unos investigadores de la UCLA descubrieron que las mujeres buscan más el apoyo social durante momentos de estrés que los hombres. Otra investigación ha demostrado que tener una red social fuerte puede ayudar a la gente a mantenerse saludable.[11]

Así es. Una tribu, una pandilla, un equipo nos cambia hasta físicamente. Fuimos creados por un Dios colectivo para estar en comunidad. ¡Lo necesitamos!

Lo necesitamos, amiga.

MEJOR JUNTAS

Dios nos puso intencionalmente en comunidad para que nuestros amigos puedan ayudarnos en las batallas difíciles de nuestra vida. Cuando nuestro mapa mental es un caos, nuestros pensamientos comienzan a girar y nuestras emociones toman el control, muchas veces nuestro plan de escape simplemente es tomar una mano y susurrar esa pequeña palabra: "ayuda".

Tú y yo necesitamos estar dispuestas a buscar sabiduría y visión cuando nuestro propio cerebro no puede encontrar las respuestas, reunir la fuerza de voluntad, encontrar la fortaleza o recordar cómo orar. Las relaciones así se cultivan con tiempo, esfuerzo y energía, pero son capaces de cambiarlo todo.

Puedo mirar hacia atrás en el transcurso de mi vida y ver cómo mis amigas más cercanas en cada edad y cada etapa me protegieron de mis pequeños sueños. Mis queridas hermanas pequeñas, mis amigas del recreo en la primaria, mis amigas de la secundaria, las otras animadoras de Arkansas, las mujeres que asistieron a mis primeros estudios bíblicos, mi gente de Austin, mi grupo pequeño de la iglesia en Dallas, cada comunidad me ha moldeado, me ha ayudado a sentirme conocida, me ha hecho correr mejor y más rápido de lo que creía poder. Yo también he hecho lo mismo por ellas. Sí, nos hemos peleado. Sí, nos hemos distanciado. Sí, a veces nos hemos lastimado. Todo eso es parte de la vida. Pero los lazos más fuertes se forjan en las dificultades.

Es cierto que elegir la comunión en lugar del aislamiento puede ser totalmente aterrador porque nos hace correr un riesgo.

La investigadora y escritora Brené Brown dijo: «La vulnerabilidad es el núcleo, el corazón y el centro de las experiencias humanas importantes».[12] En otras palabras: **debemos ser conocidas para ser personas sanas.**[13]

¿No es esa una perspectiva profunda? Dime quiénes te conocen y cuán profundamente lo hacen, y te diré qué tan saludable eres.[14]

Glup.

Algunas personas podrían ver mi trayecto a lo largo de los años y decir: "Claramente, Jennie, no tienes nada de qué preocuparte. Siempre *dejaste entrar a la gente a tu vida"*. Tal vez. Pero debo decirte que, cuando nuestra familia se mudó a Dallas después de vivir durante diez años en Austin, construir un nuevo círculo de confianza era algo que me preocupaba bastante. ¿Cómo podría hacer "viejas amigas" rápidamente?

Desprenderse de una red de apoyo de tantos años implica el desafío de vivir en una comunión significativa, pero ese no es el único desafío. Cuanta más gente se conoce, se escuchan más razones válidas por las que la comunidad "simplemente no es para mí". Recuerdo una joven que vive en un pueblo tan pequeño, que el año pasado hubo toda una celebración cuando pusieron el primer semáforo. "Jennie, no hay nadie con quien pueda conectarme", me dijo. "Ni siquiera estoy segura de que exista otra mujer en el pueblo que esté en sus veinte años".

¿Qué hay de las mujeres totalmente introvertidas que conocí? Para ellas, comenzar esto de la comunión puede resultar una propuesta estresante y agotadora.

Entiendo que tal vez tú sufriste una traición dolorosa, o más de una, y que eso te impide comprometerte ahora. Te has arriesgado a confiarle tus problemas a alguien, y esa decisión se te volvió en

ELIJO LA COMUNIÓN

contra. "No volveré a hacerlo nunca más", dijiste. ¡Lo entiendo perfectamente!

Luego está el asunto de mantener las relaciones. Una vez que tú *le cuentas* tu problema a otra persona, te sientes obligada a mantener a esa persona al corriente de cualquier progreso o retroceso que enfrentes.

Y aquí aparece otra cosa: no podemos controlar la forma en que la gente reaccionará una vez que los dejemos entrar a nuestro problema. Tal vez digan algo insensato, tal vez minimicen la profundidad de nuestro dolor, tal vez finjan una sonrisa y nos citen un versículo, tal vez hagan *todo eso* el mismo día.

Ante estos y muchos otros contratiempos, solo tengo una respuesta: *tienes razón*.

Tienes razón.

¡Es así!

Sin embargo, todas las relaciones importantes de mi vida son aquellas por las que he tenido que luchar.

La gente puede ser cretina, frívola, desconsiderada, egoísta y olvidadiza. Esto lo sé porque soy una persona y, en algún punto, yo misma he sido todo eso. Y lo cierto es que tú también eres una persona.

Por eso, en vez de dejar que el enemigo nos mantenga cautivas en el aislamiento, recordémonos esta verdad: puedo elegir. Puedo recordar que el Espíritu de Dios vive dentro de mí y que caminará conmigo al acercarme a otros que son tan humanos y están tan necesitados de conexión y de gracia como yo.

Cuando comencé IF:Gathering, surgió un malentendido con respecto a mis motivaciones ministeriales y recibí mucha atención en las redes sociales. Muchas mujeres que admiro y a las que intento seguir se sintieron ofendidas y creyeron que yo de veras tenía malas intenciones. Sentí como si los frentes de batalla se reacomodaran rápidamente, poniendo a todos mis héroes de un lado y a mí del otro. Fue una experiencia humillante y triste que me dejó tambaleándome en el escepticismo.

Sin saber qué más hacer, comencé a realizar llamadas telefónicas a cada una de esas mujeres. Me disculpé por mi parte en el malentendido, les pedí sabiduría para hacer las cosas bien de ahora en más y las bendije por su influencia en mi vida.

Gracias a Dios, ellas no solo respondieron mi llamada, sino que además fomentaron la unidad. Encontramos una forma de solucionarlo y, hasta el día de hoy, las tengo como algunas de mis amigas más queridas. Sin embargo, después de esa experiencia, comencé a tenerle miedo a las relaciones. Tenía temor de decir o hacer cualquier cosa que pudiera aislarme nuevamente. Finalmente, un día decidí que no podía seguir caminando con tantas dudas cuando intentaba comenzar una relación.

Nadie puede estar a la defensiva para siempre, debemos mostrarnos, mostrar todo nuestro ser.

Cuando tengo algún momento en el que observo un riesgo de mostrarme ante mis amistades, elijo hacerlo y, luego, cuando algo sucede (porque siempre pasa algo), intentamos resolverlo. Pero... ¿sabes qué? Cuando nos mantenemos fieles a mostrarnos en nuestra vida cotidiana, las personas nos hacen un lugar.

Luego de mudarnos a Dallas conocí a una nueva amiga. Ellen es sofisticada y siempre dice lo correcto. Ella archiva todo el correo que le llega. ¡Yo ni siquiera lo abro! Teníamos amistades en común que sugirieron que nuestras familias se unieran a un pequeño grupo. Ahora puedo decírselo, pero ella es de esas amigas nuevas tan geniales que te sientes intimidada cuando estás cerca (aunque esa no sea su intención). La primera vez que nos vimos, recuerdo que fui a lo seguro. Pensé en detenerme y observarla.

Pero, la segunda vez, decidí avanzar. Me mostré tal cual soy: testaruda, gritona, honesta y apasionada. Ellen se rio y comenzó a llamarme más seguido. Ella no quería ser amiga de alguien que fuese idéntica a ella, yo le agradaba en todo mi esplendor y mi caos. Ahora bien, muchos otros riesgos que he asumido con respecto a las relaciones no terminaron de la misma forma, pero así es como vamos descubriendo a nuestra gente.

REÚNE A TU EQUIPO

Cuando tomamos la decisión de dejar de vivir en soledad para arriesgarnos a estar con otros seres humanos reales, debemos tener dos recursos a nuestra disposición: el *conocimiento* de lo que necesitamos y las *agallas* para obtenerlo.

A continuación, expongo algunas palabras de ánimo que pueden ayudarte a salir de la zona de confort y encontrar a tu gente.

Busca gente sana

Sobre esto, Pablo aconseja: «Sed imitadores de mí, así como yo de Cristo».[15]

Síganme, así como yo sigo a Cristo. Si quieres saber con quién crear una comunión, busca a alguien cuya vida grite estas palabras. Busca a alguien que siga a Jesús *con fuerza* y luego invítale a tomar un café.

El año pasado descubrí que mientras buscaba gente sana en Dallas, yo también me he vuelto más sana. Hasta el proceso de buscar amistades íntegras me ha hecho a mí una persona más íntegra. Ahora bien, observen que no dije que hay que buscar gente *perfecta*, sino gente *íntegra*, gente *sana*.

¿Esa posible amiga parece estar conectada con sus propias fortalezas y debilidades? ¿Tiene claros los valores que rigen su vida? Cuando tiene distintos sentimientos, ¿es capaz de controlarlos? ¿Sus otras relaciones prosperan o parece alejada del mundo? ¿Sientes que te ve y te valora cuando interactúas con ella? ¿Es buena escuchando o siempre está llevando la conversación hacia sí misma? ¿Tiene la motivación de crecer? ¿Parece feliz? ¿Está en paz? Repito, nadie va a hacer todo esto bien todo el tiempo. Lo que te pido es que observes si hay una disposición a progresar. Cuando buscas amistades íntimas, debes comenzar con amigas inteligentes emocionalmente.

Y, adivina qué: ¡nosotras también debemos convertirnos en esas amigas sanas emocionalmente! Si nadie quiere ser tu amiga, puede que haya motivos. ¿Estás creciendo en salud o en amargura? Yo soy una gran fanática de la consejería porque puede eliminar los patrones tóxicos que a veces no somos capaces de notar por nuestra cuenta.

Simplemente pregunta o pide

Cuando encuentras a alguien a quien quieres conocer mejor, *simplemente pregunta* si le gustaría tener una conexión contigo. "¿Te gustaría tomar un café mañana en la tarde?"; "¿Alguna vez has ido a la ruta de senderismo que hay detrás de nuestro vecindario?"; "¿A ti y a tu esposo les gustan los juegos de mesa?"; "¿Te gustaría encontrarnos para cenar antes del estudio bíblico la semana que viene?"

¿Ves lo sencillo que es?

Hace un tiempo me di cuenta de que, sin importar el nivel de inteligencia social, el deseo genuino de comunión o la sincera transparencia de las jóvenes que trabajaban conmigo en IF:Gathering, aún había muchas ocasiones en las que no estaban cómodas para pedir ayuda.

Un martes, durante una reunión del equipo, surgió este tema y me tomé el atrevimiento de preguntar:

—¿Cuántas se sienten incómodas pidiendo ayuda incluso cuando saben que realmente la necesitan?

Todas levantaron la mano. ¡Guau!

—*De veras*, chicas —les dije—. Debemos resolver esto.

Hablamos un momento sobre lo que las hacía sentir incómodas y luego les di una tarea colectiva: cada una de ellas debía pedir ayuda al menos una vez en las siguientes veinticuatro horas.

Pidan aportes creativos, les dije.

Pidan ayuda para descargar su auto.

Pidan compañía para dar un paseo por la tarde.

Pidan un consejo para un problema.

No me importaba lo que pidieran, solo quería que lo pusieran en práctica.

Pide hasta que ya no te dé vergüenza pedir. Ese consejo puede salvarte la vida algún día, así que te lo repetiré: *pide hasta que ya no te dé vergüenza pedir.*

Pide, pide y pide.

Di que sí

Ahora bien, yo soy alguien que necesita lo nuevo tanto como el oxígeno, así que esto es algo fácil para mí. Pero, incluso si eres una persona introvertida y hogareña, puedes hacer esto: *de vez en cuando, di que sí.* Solo una advertencia: eso no significa que abramos las puertas a la gente tóxica y dañina. Digámosle que sí a las amistades sanas y verdaderas.[16]

Hace algunas semanas mi querida amiga Jessica, de Austin, me contactó para decirme que se acercaba su cumpleaños y quería que pasáramos tiempo juntas. "¿Vas a venir?", me pidió, y a ella le encanta pedir. "¡Por favoooor!"

¿Mencioné que su cumpleaños era la semana siguiente y que reunirnos significaba viajar más de tres horas?

¿Era el momento oportuno para hacer esta pequeña excursión? No, no lo era.

¿Valía la pena? Claro que sí.

Como dije, puede ser que yo tenga el sí muy fácil, casi siempre. Pero, debes recordar esto: *si nunca dices que sí a una invitación, esas invitaciones dejarán de llegarte.*

Compartir la vida nos ayuda a corregir nuestros pensamientos erróneos, pero solo podemos hacerlo si de verdad pasamos un tiempo *juntas* de vez en cuando.

"¡Sí! Me encantaría estar contigo".

"¡Sí! Me encantaría ir".

"¡Sí! Programemos una cita por teléfono".

Si en algún lugar del camino te has convertido en alguien que siempre rechaza las invitaciones, entonces, solo por hoy, ¿podrías intentar decir que *sí*?

Sé completamente tú, rápido

Los pensamientos que nos enredan y nos aíslan amenazan con mantenernos atrapados en un lugar de autosuficiencia y vergüenza, pero la vulnerabilidad los detiene bruscamente. Por lo tanto, enseguida debes ser *completamente* tú, para que tus amigas te conozcan y conozcan tu *verdadero* ser.

A veces puedo ser odiosa y soy la primera en admitirlo. Me río en momentos inapropiados, como en una corte, en funerales o durante la lectura del discurso que mi hijo preparó con mucho esfuerzo. (¿Por qué lo hago? ¿Alguien podría decírmelo, por favor?). Hago preguntas intensas e invasivas. Soy olvidadiza. Interrumpo momentos serios para preguntar dónde se consigue ese suéter tan lindo que alguien lleva puesto. Revoloteo sobre las conversaciones como un colibrí, incapaz de desarrollar un tema hasta llegar a una conclusión lógica.

Y, al igual que me sucedió con mi amiga Ellen, puedo tener dos opciones al relacionarme: puedo hacerme la "sofisticada" cuando conozco gente nueva y fingir ser alguien que no soy, o puedo disfrutar completamente de mi desorden con un poco de autocrítica y risas, y estar en paz simplemente siendo yo.

Cuando somos tan valientes y arrebatadas, podemos asustar más rápido a la gente que no queríamos asustar, pero también atraeremos más rápido a la gente indicada.

Fastidia a otras y deja que otras te fastidien a ti

A medida que los conocidos se vuelven más cercanos y comenzamos una amistad, los pedidos pueden volverse más difíciles. Las apuestas ahora son más altas y el miedo al rechazo se vuelve algo real. Mi consejo: *arriésgalo todo*. Cuando veas que tu amiga actúa rara, fastídiala hasta que te cuente todo. Invítala a tomar el té. Invítala a almorzar. Dile que quieres orar por ella porque sabes que algo no está bien. Fastídiala hasta que se sienta lo suficientemente segura como para desahogarse. Algún día te lo agradecerá.

De igual modo, para experimentar la verdadera comunión, debes dejar que te fastidien a ti. Arriésgate a confiar en alguien y cuéntale la verdad de lo que te sucede hoy. Sí, tal vez salgas lastimada. Sí, tal vez te sientas avergonzada. Sí, tal vez sea incómodo. Pero es mejor la incomodidad de una amiga sosteniendo tu mano y tu verdad, que la incomodidad de pensar que estás sola.

Antes de continuar, déjame asegurarme de que notaste el orden de las dos partes de esta última regla: primero, toma la iniciativa y, luego, deja que otras tomen la iniciativa contigo. Es inevitable ver que cada vez que hablo en Instagram acerca de la amistad y el valor de vivir en comunión, me llegan respuestas como estas:

"Nadie quiere ser mi amiga".

"Nadie se me acerca".

"Yo hago mi parte, pero nunca nadie me corresponde".

"Nadie se interesa por mí".

Escucha, darle espacio en tu mente y en tu corazón a pensamientos como esos es darle un pase libre al enemigo. ¡Estas cosas no son ciertas! La ironía aquí es que muchas de esas personas que crees que no se interesan por ti se sienten de la misma forma que tú. Les preocupa que si se exponen a sí mismas alguien las rechace. Les frustra que nadie parezca corresponder el cariño que brindan. Se preguntan si alguna persona quiere su amistad.

Por eso te suplico: sé la que fastidia primero. Acércate. Arriésgate. Di lo que sientes. Escucha. **Sé la amiga que desearías que fuesen contigo.**[17]

Hace un tiempo mi hija Kate estaba fuera de la ciudad con una amiga y su familia. Cuando me llamó por teléfono para ver cómo estaba, pude sentir en su voz que algo la estaba molestando, que algo andaba mal. Había estado así por varios días, así que me arriesgué y le pregunté.

Kate no me dio mucha información, pero sí preguntó si nos parecía bien a Zac y a mí que hablara con un consejero al volver. Zac y yo creemos completamente en la eficacia de la consejería, creemos que *todos* necesitamos "traductores" de vez en cuando para reflejar lo que pensamos y lo que sentimos, que *todos* necesitamos oír la verdad sobre nosotros mismos en un entorno seguro, que *todos* necesitamos espacio para suplir nuestras necesidades más profundas y que *todos* necesitamos ayuda para aplicar la Palabra de Dios a las realidades que vivimos. En resumen, la respuesta fue un *sí* rotundo.

"Pero, antes de acordar una cita", le dije a Kate, "quiero que sepas que siempre puedes contar conmigo".

Le dije que no había nada que no pudiera perdonarle y que nada podría cambiar mi amor por ella. Tomó mucho tiempo y conllevó muchas lágrimas, pero, dos horas después, cuando aún estaba al teléfono con mi increíble hija, me sentí más agradecida por el poder de la comunión de lo que había logrado estar en mucho, mucho tiempo.

Una vez encontré una tarjeta de felicitación en una cafetería de Colorado Springs. La tarjeta llevaba impreso el dibujo de un oso muy tierno y decía: "Si estamos juntos, el resto no importa". Así es como me sentiré siempre con esa charla telefónica monumental que tuve con Kate. Los detalles de aquello que la hostigaba se han desvanecido con el tiempo, pero el sentimiento de unidad no lo ha hecho ni tampoco lo hará. Ella estaba decidida a hablar con *alguien* que pudiera ayudarla.

Yo estaba muy agradecida de que ese alguien pudiera ser yo.

EL ÚLTIMO 2 %

Amiga, si queremos liberarnos del caos no podemos permanecer solas en la oscuridad con el diablo. Necesitamos que nos rescaten y tomar la decisión de reunir a un equipo a nuestro alrededor.

Tengo una opción. ¡Puedo ser conocida!

Déjame decirte qué está en juego y qué cosas tan hermosas suceden si dejamos que otro entre en nuestras vidas.

En mi iglesia en Dallas solemos decir esta frase: "Debes decir el último 2 %". Tal vez crees que has aprendido el secreto para dominar la autenticidad. Tal vez menciones el problema que atraviesas con algún temor, un pecado o una inseguridad, pero hasta los que más valoramos la autenticidad muchas veces tenemos una carta que no ponemos sobre la mesa.

Es ese pequeño secreto que no le contamos ni a nuestra familia ni a nuestros amigos, es una carta que no jugamos. Tal vez tu 2 % es que hoy te enfureciste con tu hijo menor o, quizás, es un error que cometiste hace años, y que nunca le has contado a nadie.

Permíteme decirte cuál era el de una de mis amigas. Jennifer lideraba los estudios bíblicos en su casa, en Austin. Ella y su esposo son líderes en su iglesia. Son una pareja increíble. Aman a Jesús, y ella es una de mis amigas favoritas. Ella es muy auténtica. Me agrada porque muchas veces es vulnerable conmigo. Pero recientemente me llamó para contarme algo que había estado guardando.

Me dijo que, durante el último semestre, se había sentido atraída hacia su compañero de trabajo. Al principio fue algo sutil.

"Él era lindo, pero no sé cómo sucedió. Amo a mi esposo y valoro nuestro matrimonio —dijo—, pero me di cuenta de que me atraía". Ella comenzó a quedarse después de las reuniones. Luego dijo: —Sé que esto es una locura y espero que no pienses mal de mí, pero comencé a enviarme mensajes de texto con él.

Luego me contó:

—En un encuentro de IF:Gathering, me aparté con nuestra amiga en común y le dije: "Necesito soltar el último 2 % que no compartí con nadie. Necesito contarlo"—. Y lo dijo en voz alta.

Y he aquí lo loco. Ella me dijo:

—Jennie, desde el momento en que lo dije en voz alta, ya no me he sentido más atraída por él.[18]

Sí, es una locura.

Hemos estado en la oscuridad con el diablo y hemos guardado nuestros secretos. No le mostramos a nadie todas nuestras cartas. ¿Por qué lo haríamos? Pensamos: "No es para tanto, no significa nada. De todos modos, no voy a volver a hacerlo".

No jugamos nuestras últimas cartas y el diablo nos tiene encerradas en nuestros secretos.

Sin embargo, cuando decimos en voz alta lo que estamos pensando, cuando revelamos nuestras luchas oscuras, lo llevamos cautivo y rompemos su poder. Ponemos a prueba el evangelio y le permitimos permanecer. Abrimos paso a la comunión. ¡Dios nos creó para que luchemos así!

Vistas. Conocidas. Amadas.

¡Luchemos por eso!

¿QUÉ PASARÍA SI MI PEOR PESADILLA
SE HICIERA REALIDAD?

PROBABLEMENTE PENSARÍAN QUE YO...

NO SOY LO SUFICIENTEMENTE
BUENA PARA ESTO.

¿LO DIJE DE LA FORMA EQUIVOCADA?

¿QUÉ ME SUCEDERÍA SI...?

TODO ESTÁ FUERA DE CONTROL.

SOY TAN INCOMPETENTE EN MI TRABAJO,
PROBABLEMENTE MI JEFE ME DESPIDA
EN CUALQUIER MOMENTO.

ALGO HORRIBLE VA A SUCEDERLES.

10

SIN TEMOR

Elijo rendir mis temores a Dios

Tenía el pecho cerrado y casi no podía respirar. Era la noche de un domingo, justo antes de una semana que iba a ser atareada, y me encontraba ansiosa por todo lo que me esperaba.

¿Por qué no podía respirar profundo?

Me senté en la cama porque no sabía dónde más estar. Era como si mi cuerpo gritara: "¡Algo está mal!", y mi mente se precipitara intentando descifrar qué sucedía.

He notado que a veces nuestra mente parece demorarse un poco más que nuestras emociones, mientras que nuestro cuerpo se halla en perfecta sintonía, enviándonos pistas de que algo sucede en nuestro interior. De hecho, creo que es un regalo que Dios haya diseñado nuestro cuerpo para enviarnos señales de que tal vez nos estamos adentrando en una espiral peligrosa.

Estaba justo escribiendo este libro y percibí que Dios quería usar ese momento de confusión para recordarme que mantener cautivo cada pensamiento no es simplemente un proceso útil que debemos incorporar. *No te olvides, Jennie, esto es una guerra sin cuartel.*

Zac se sentó a mi lado mientras yo rodeaba mi cintura con los brazos, como sosteniendo todo mi cuerpo. Cuando, con una broma que contenía algo de verdad, lo soborné para que le pidiera un ansiolítico a nuestros vecinos, me advirtió tiernamente: "Eso sería ilegal, cariño".

Así que me senté en calma. Oré, y busqué en mi mente qué era aquello que mi cuerpo me estaba diciendo que andaba mal.

Como era de esperarse, al comenzar a excavar en las grietas de mis últimos pensamientos, noté algo.

Sí, estaba ansiosa por las increíbles oportunidades para el ministerio que me esperaban en las próximas semanas, pero una mentira imperceptible había comenzado a opacarlas. Estas mentiras sutiles pueden percibirse como un abrigo pesado que nos vestimos de manera inconsciente, tal vez por hábito, en un cálido día soleado.

La espiral en la que había entrado era esta: *¿Y si fallo? ¿Y si no soy lo suficientemente buena para ese trabajo?*

A esto se le sumaba el susurro ya conocido que desde la oscuridad me decía: *no valgo nada.*

He estado caminando con este peso impreciso e indefinido. Si hubiese sido un pensamiento consciente, hubiese batallado de inmediato y elegido la verdad: *Dios es suficiente para mí. Dios elige al menos calificado para que Él sea puesto en alto. Yo no tengo que dar la talla después de todo.*

Pero ni siquiera había notado lo que estaba sucediendo hasta que la mentira me arrastró hacia una espiral y mi cuerpo reveló la ansiedad que me tenía dando vueltas.

PREOCUPADAS POR MUCHAS COSAS

¿Cuántas de nosotras nos movemos como arrastrándonos, agobiadas bajo el peso de la ansiedad? Muchas descubrimos que nuestros pensamientos giran alrededor de circunstancias o personas problemáticas. Para algunas otras, la ansiedad se ha vuelto la banda sonora de nuestros días, tan familiar que ya no la advertimos tocando de fondo en cada escena. (Entiende que aquí estoy hablando sobre patrones de pensamiento, no sobre la ansiedad enraizada en la química de nuestro cuerpo. Si esa es tu situación, te insto a que busques ayuda profesional).

El enemigo nos ha enredado con dos pequeñas palabras: *¿Y si…?* Con esas dos palabritas, el enemigo hace que nuestra imaginación dé vueltas, que gire una y otra vez sobre las fantasías de la fatalidad que nos acecha en el porvenir.

Pero nuestra herramienta para derrotar al "¿Y si…?", como era de esperarse, la encontramos en otras dos palabras: "porque Dios".

Porque Dios viste los lirios del campo y alimenta las aves del cielo, no debemos de preocuparnos por el mañana.[1]

Porque Dios ha derramado su amor en nuestros corazones, nuestra esperanza no será avergonzada.[2]

Porque Dios nos escogió para ser salvas por su fuerza, podemos pararnos firmes en nuestra fe sin importar lo que nos depare el futuro.[3]

La libertad comienza cuando nos damos cuenta de aquello que nos está cegando. Entonces podemos interrumpirlo con la verdad.

La ansiedad dice: "¿Y si…?"

- *¿Y si me acerco demasiado a esta persona y me manipula como el último amigo en quien confié?*
- *¿Y si mi esposo me engaña?*
- *¿Y si mis hijos mueren de manera trágica?*
- *¿Y si mi jefe decide que ya no soy necesaria?*
- *¿Y si…?*
- *¿Y si…?*

Ciertamente hay niveles de ansiedad saludables que le comunican a nuestro cerebro ante qué cosas vale la pena temer, como un oso en el bosque o un auto acercándose mientras cruzamos la calle.

Como dijo una editora de *Medical News Today*: «Cuando estos mecanismos de preservación de la vida se disparan en momentos inapropiados o se atoran en posición de "encendido", entonces la situación se convierte en un problema».[4] La ansiedad que hace hundir nuestros pensamientos en una espiral, se genera cuando nuestra reacción emocional a las situaciones atemorizantes va más allá de la razón y se vuelve ilógica, porque los mecanismos del miedo en nuestro cerebro están colapsados.

Constantemente encontramos nuevas preocupaciones con nuevas facetas, como si estar siempre alertas nos preparara para lo que vendrá. Experimentamos respuestas físicas palpables a estímulos que no son amenazas reales, y nuestros miedos acerca del futuro nos enceguecen y nos hacen sentir que se nos cierra el pecho, incapaces de relajarnos o estar presentes, hasta olvidar por completo que hay un Dios que nos dará lo que necesitamos hoy, la semana que viene y en veinte años, aun si nuestras peores pesadillas se hicieran realidad.

Los "¿y si...?" acabarán por matarnos

Pero hay un camino mejor, porque podemos elegir.

MENTIRA: No puedo confiar en que Dios cuidará mi futuro.

VERDAD: Dios tiene el control de cada día de mi vida.

Pues aun los cabellos de vuestra cabeza están todos contados. No temáis, pues; más valéis vosotros que muchos pajarillos.[5]

ELIJO RENDIR MIS TEMORES A DIOS.

Podemos elegir

EMOCIÓN
TEMOR DE UNA AMENAZA
REAL O PERCIBIDA

CONSECUENCIA
SIN TEMOR

PENSAMIENTO
NO PUEDO CONFIAR EN QUE
DIOS CUIDARÁ MI FUTURO

RELACIONES
PRESENTE Y PREDISPUESTA

CONDUCTA
RETICENTE A LA
AUTORIDAD DE DIOS

CONDUCTA
SOMETIDA A LA AUTORIDAD DE DIOS

RELACIONES
CONTROLADORA
Y MANIPULADORA

PENSAMIENTO
DIOS TIENE EL CONTROL DE
CADA DÍA DE MI VIDA

ELIJO RENDIRME

CONSECUENCIA
ANSIEDAD CONSTANTE

EMOCIÓN
TEMOR DE UNA AMENAZA
REAL O PERCIBIDA

LO QUE ES REAL

Pablo sabía que íbamos a entrar en una de estas espirales, así que nos pidió remplazar las mentiras por algo sorprendente. En Filipenses 4 escribió:

> No se inquieten por nada; más bien, en toda ocasión, con oración y ruego, presenten sus peticiones a Dios y denle gracias. Y la paz de Dios, que sobrepasa todo entendimiento, cuidará sus corazones y sus pensamientos en Cristo Jesús.
>
> Por último, hermanos, consideren bien todo lo verdadero, todo lo respetable, todo lo justo, todo lo puro, todo lo amable, todo lo digno de admiración, en fin, todo lo que sea excelente o merezca elogio. Pongan en práctica lo que de mí han aprendido, recibido y oído, y lo que han visto en mí, y el Dios de paz estará con ustedes.[6]

Primero, quiero que observes a qué nos llamó. No es una mera sugerencia sino una instrucción clara: «No se inquieten por nada».

¿Nada?

Nada.

¿Cómo es que Pablo dice algo así? ¿Acaso Dios realmente nos ordena esto?

Bueno, Pablo tenía numerosas razones para estar inquieto. Cuando escribió esas palabras, quizás recuerdes, era un prisionero con sentencia de muerte sobre su cabeza. Él no estaba hablando a la ligera. Lo dijo por una sola razón: este mundo no es nuestro hogar, y nuestro hogar en el cielo es seguro. Entonces, si no debemos temer a la muerte, ¿a qué le debemos temer?

Las promesas de Dios son nuestra mayor esperanza en toda circunstancia. Él satisface cada necesidad. El Señor resolverá (al final) cada problema que podamos enfrentar aquí en la tierra. Pablo

habló con mucha certeza sobre esta verdad, y luego nos dio una
guía clara para deshacernos de los pensamientos de ansiedad:

1. Escoge ser agradecida.
2. Escoge pensar en lo que es verdadero, respetable, justo,
   puro, amable, admirable, excelente y loable.

Por un momento, concentrémonos en uno de estos pensamientos
que vienen a reemplazar a los otros: «Consideren bien todo lo verdadero...».

Lo que nos mete en problemas a la mayoría de nosotros ni siquiera
son los temores reales. Nos preocupamos por cosas que quizás
nunca lleguen a suceder. De hecho, las investigaciones demues-
tran que «el 97 % de lo que te preocupa no es mucho más que una
mente temerosa castigándote con exageraciones y percepciones
equivocadas».[7]

Mi hermana Katie es un 6 en el Eneagrama, un sistema mo-
derno de clasificación de la personalidad con raíces centenarias, y
siempre me hace morir de risa porque alrededor del 50 % de nuestras conversaciones tienen lugar en escenarios hipotéticos. En el
Eneagrama yo soy un 7. Esto significa que mientras ella se la pasa
imaginando cómo todo puede salir mal, yo me concentro en todo
lo que puede salir bien.

Me atrevo a decir que es más fácil para alguien de mi tipo seguir
las instrucciones de Pablo en este pasaje. Sin embargo, indepen-
dientemente de la personalidad que tengamos, **Dios nos ha llamado a tener esperanza, gozo, perseverancia... ¡a pensar en lo
que es verdadero!**

En el evangelio de Juan encontramos una descripción increíble del enemigo. Jesús se encontraba frustrado porque existían toda clase de confusiones acerca de lo que Él hacía y el por qué lo hacía. A aquellos que se le oponían les dijo:

> Si vuestro padre fuese Dios, ciertamente me amaríais; porque yo de Dios he salido, y he venido; pues no he venido de mí mismo, sino que él me envió. ¿Por qué no entendéis mi lenguaje? Porque no podéis escuchar mi palabra. Vosotros sois de vuestro padre el diablo, y los deseos de vuestro padre queréis hacer. Él ha sido homicida desde el principio, y no ha permanecido en la verdad, porque no hay verdad en él. Cuando habla mentira, de suyo habla; porque es mentiroso, y padre de mentira.[8]

La verdad es la herramienta más poderosa que tenemos contra el enemigo, que es un «mentiroso y padre de mentira». Así que batallamos contra el enemigo con todo lo que es verdad; y esto significa: ¡todo lo que es real!

Observa la imagen de la página opuesta.

Toma uno de los pensamientos de ansiedad que tengas revoloteando en tu mente y escríbelo.

¿Cuál es el pensamiento?

Ahora diagnostica ese pensamiento. ¿Es verdadero?

Avanza un paso más y considera: ¿Qué dice Dios acerca de este pensamiento? Para responder a esa pregunta, consulta las Escrituras y a las personas de confianza en tu comunidad. Diles: "Tengo este pensamiento, ¿qué dice Dios acerca de él? ¿Cuál es la verdad?".

Luego tienes que tomar una decisión: ¿creerás en lo que dice Dios o creerás la mentira?

Creo que la mayoría de nosotras somos buenas a la hora de encontrar el pensamiento, reconocerlo como una mentira e, incluso, saber cuál es la verdad; pero fallamos en el último paso.

Continuamos creyendo la mentira, actuando acorde a ella, dejando que las palabras "¿y si...?" agiten nuestros pensamientos hasta desquiciarnos.

Al emerger de mi espiral de dudas que se extendió por dieciocho meses, entendí que tenía que salir a la guerra. Tenía que leer la Palabra de Dios y encontrar cualquier arma disponible para la lucha.

¿Sabes que Pablo tuvo que hacer lo mismo mientras estaba en prisión? Tuvo que pelear para creer. «Para mí el vivir es Cristo, y el morir es ganancia. Mas si el vivir en la carne resulta para mí en beneficio de la obra, no sé entonces qué escoger».[9]

Sí, la fe es un regalo, pero por momentos es difícil de obtener. Pablo escribió con honestidad sobre cómo Dios se le acercó en su lucha: «Y me ha dicho: Bástate mi gracia; porque mi poder se perfecciona en la debilidad. Por tanto, de buena gana me gloriaré más bien en mis debilidades, para que repose sobre mí el poder de Cristo».[10]

Ese pasaje me consoló profundamente, y me reafirmó que mi propia batalla de fe es una obra en construcción.

Puedo continuar enseñando la Biblia, puedo continuar liderando IF:Gathering, y puedo seguir llevando a mis hijos a la iglesia porque Dios es real. Mis sentimientos se basan mayormente en narrativas inventadas en mi mente y no en lo que es real.

¿Qué *es* lo real?

Dios es real. Él no se escapa a ningún lado, aun si mi mente se adentra en toda clase de lugares oscuros. No puedo confiar en que mis pensamientos o sentimientos mantengan firme mi fe. Dios mantiene firme mi fe.

TOMA EL *PENSAMIENTO* ¿Qué es?	*DIAGNOSTICA* *EL PENSAMIENTO* ¿Es verdad?
LLÉVALO A DIOS ¿Qué dice Dios sobre él?	*TOMA UNA DECISIÓN* ¿Voy a creerle a Dios?

¿ENTONCES QUÉ HAGO?

Una mujer que estaba frente a mí se tambaleaba de ansiedad. Su hija adolescente estaba tomando muy malas decisiones en la vida, y el corazón de esta madre se estaba rompiendo en mil pedazos. Con lágrimas en sus ojos, me miró y me preguntó: "Jennie, ¿qué hago?"

¿Entonces qué hago?

He oído a incontables mujeres hacer esta pregunta, mujeres que se enfrentan a toda clase de desafíos: esposos infieles, adicciones debilitantes, inversiones de negocios fallidas, hijos descarriados, diagnósticos devastadores y más.

Una y otra vez, luego de explicarme aquellas cosas que han probado su paciencia, han tentado su corazón y han sido causa de tropiezo, me hacen la misma pregunta: *¿qué hago?*

Lo que ellas se preguntan es qué deberían hacer para arreglar la situación, para arreglar su perspectiva sobre la situación o para mantener el sufrimiento a raya.

Si ninguna de esas es una posibilidad, esperan que yo les diga cómo seguir adelante sin sucumbir ante la desesperación y desesperanza.

¿Qué hacemos? Confrontamos nuestros pensamientos. Derribamos las fortalezas por el poder de Dios. Discernimos si estamos creyendo en una mentira o irrealidad sobre Dios o nosotras y salimos a batallarlo.

¡Psst! Déjame darte la mejor noticia: tú no eres Dios. No eres omnisciente.

Cuando permitimos que nuestros pensamientos giren fuera de control con miedo y preocupación, ya sea de manera consciente o inconsciente, en realidad intentamos abrirnos camino a la fuerza para cumplir el papel que solo Dios puede cumplir. Nos olvidamos de que, de hecho, es una buena noticia que Él tenga el control y no nosotras. Tú y yo podemos tener muchos dones y talentos, ¡pero ser Dios no es uno de ellos!

Yo sé que es más fácil decirlo que hacerlo, pero esa es la razón por la cual nos mantendremos unidas y nos empaparemos de la Palabra de Dios.

Cambiar nuestra mente *sí es* posible.

Cuando reconozcas una mentira pesada sobre tus hombros, puedes quitarte ese abrigo sofocante y ponerlo a un lado.

¿Qué pensamiento de temor está usando Satanás para ahogar tu fe?

Nómbralo.

Di su nombre.

- *Tengo miedo de no poder resistir lo que venga en el futuro.*
  Elijo creer que Dios no permitirá que sea tentada más allá de lo que puedo soportar y que siempre me dará las fuerzas para vencer la tentación.[11]
- *Tengo miedo de que todos me abandonen.*
  Elijo creer que Dios ha prometido no desampararme, y Él siempre cumple sus promesas.[12]
- *Tengo miedo de perder todo y a todos los que amo.*
  Elijo creer que Dios me sostendrá en los momentos de radiante victoria y en los de oscuro sufrimiento.[13]
- *Tengo miedo de ser descubierta.*
  Elijo creer que Dios conoce todos mis pensamientos, incluso antes de que estén en mi mente, y aun así me ama.[14]
- *Tengo miedo de no estar capacitada para realizar ese trabajo.*
  Elijo creer que Dios me ha dado todo lo que necesito para vivir como Él manda.[15]
- *Tengo miedo de ser rechazada».*
  Elijo creer que Dios me aceptó como su hija y que nunca me abandonará.[16]

ELIJO CONFIAR EN DIOS

- *Tengo miedo de no cumplir con las expectativas de los demás.* Elijo creer que Dios quiere que busque solo su aprobación y que renuncie a la presión de complacer a la gente.[17]
- *Tengo miedo de fracasar terriblemente y que todos lo vean.* Elijo creer que Dios se especializa en tomar debilidades y usarlas para su gloria.[18]

Así es como batallamos contra la espiral negativa. Arrancamos los pensamientos de nuestra mente, les robamos todo su poder, ¡y los reemplazamos con la verdad!

ANSIOSA POR NADA

Mi amiga Jackie intentó durante cinco años quedar embarazada. El dolor en su alma ha sido casi insoportable. Estuve con ella hace poco y su desesperación se había tornado tan intensa que estaba perdiendo toda esperanza en su vida, en Dios, en sus «buenas dádivas y dones perfectos».[19]

Me miró como diciendo: "¿Y si Él se ha olvidado de mí? ¿Y si mis sueños nunca se cumplen?".

Mientras hablábamos, rodeada de una multitud de personas a las que ella amaba, mujer tras mujer le prestaba a Jackie su fe. No estaban creyéndole a Dios en nombre de ella para que se gestara un niño en su vientre; estaban creyéndole a Dios en nombre de Jackie *sin importar lo que sucediera.*

Salió de allí radiante y esperanzada, con los ojos puestos en intentar nuevos desafíos y aceptar un mundo que quizás no incluía un hijo en su vientre, porque Dios es bueno y perfecto —aun cuando la vida no lo es—, y ella escogió creer que Él tiene el control.

Nadie nos asegura que nuestros mayores temores no se harán realidad. A veces sí se cumplen, pero aun así Dios sigue siendo nuestra esperanza infalible.

Un cáncer puede venir en contra nuestra, pero, por el poder de Dios, no vencerá, al menos no al final.

Nuestro cónyuge puede ser infiel, pero, por el poder de Dios, su infidelidad no será lo que defina nuestra vida.

Las crisis financieras pueden arremeter en nuestra contra, pero, por el poder de Dios, podemos seguir adelante.

Desilusiones y dudas pueden venir a atacarnos, pero, por el poder de Dios, no tendrán la última palabra.

Mi cuñada Ashley lee cada año el libro de Corrie ten Boom, *El refugio secreto*. Dice que le recuerda que, sin importar lo que los próximos meses le deparen a ella y su familia, Dios es suficiente.

Hace no mucho, tras confiarle algunos de mis miedos sobre uno de mis hijos, me recordó una historia que Corrie relata en el libro:

Papá se sentó en el borde de la estrecha cama:

—Corrie —dijo suavemente—, cuando tú y yo vayamos a Ámsterdam, ¿cuándo te entrego tu billete?

Inspiré un par de veces, reflexionando acerca de lo que me estaba preguntando.

—Bueno, justo antes de subir al tren.

—Exactamente. De la misma forma, nuestro sabio Padre celestial sabe también cuándo vamos a necesitar determinadas herramientas. No te adelantes a los acontecimientos, Corrie. Cuando llegue el momento en el que algunos de nosotros tengamos que morir, buscarás en tu corazón y encontrarás la fuerza que necesitas, justo a tiempo.[20]

Siempre tenemos exactamente lo que necesitamos cuando lo necesitamos. ¿Lo creemos?

Si creemos que podemos elegir confiar en vez de temer, ¿cómo nos dará vida la elección de confiar?

Viviremos en esta verdad: tenemos la mente de Cristo.

Pablo declara esta verdad en Filipenses 2:5, «Haya, pues, en vosotros este sentir que hubo también en Cristo Jesús».

Entonces, ¿qué hacemos cuando caemos en la espiral?

Ponemos manos a la obra.

Nos arriesgamos a contarle a alguien, aun si lo que nos preocupa suena un poco tonto.

Elegimos conscientemente bajar la persiana ante los pensamientos de mentira y temor.

Recordamos quién es Dios y le entregamos toda nuestra ansiedad.[21] Quizás tengas que hacer esto cientos de veces por día.

Y, finalmente, declaramos que la paz de Dios es nuestra promesa.

En una tarde de domingo, luego de mi último episodio de ansiedad "llamé a una amiga". Callie escuchó todo lo que yo tenía para decir, incluso ese último dos por ciento que me daba tanta vergüenza. Se rio y me dijo: "Bien, Jennie. Eso es una mentira del diablo. ¡Y ya no vas a permitirle más que te paralice!".

Ella peleó por mí, y cuando yo no podía levantarme, me levantó y me cargó.

Amiga, quiero hacer lo mismo por ti. Por favor escúchame: sin importar cómo luzca tu vida hoy, sin importar lo que traiga el mañana, Dios nos cuida.

Considerad los lirios, cómo crecen; no trabajan, ni hilan; mas os digo, que ni aun Salomón con toda su gloria se vistió como uno de ellos. Y si así viste Dios la hierba que hoy está en el campo, y mañana es echada al horno, ¿cuánto más a vosotros, hombres de poca fe?[22]

¡Oh, nosotras, mujeres de poca fe! Somos vistas y cuidadas, y no hay nada que temer porque Dios nos sostiene en su mano.

SI YO NO CUIDO DE MÍ MISMA,
¿QUIÉN MÁS LO HARÁ?

NADA ES TAN BUENO COMO PARECE.

SI ALGO HE APRENDIDO, ES QUE NUNCA
DEBES CONFIAR EN LO QUE DICE LA GENTE.

SI NO MANTENGO LA GUARDIA,
VAN A APROVECHARSE DE MÍ.

NO TE HAGAS ILUSIONES. SI LO HACES, SOLO
ESTARÁS PREDISPONIÉNDOTE PARA CAER.

CREER ES PARA TONTAS.

ESTOY BIEN. NO NECESITO AYUDA
DE NADA NI NADIE.

11

UNA HERMOSA INTERRUPCIÓN

Elijo deleitarme en Dios

Con mi equipo de ministerio solemos frecuentar lugares de comida mexicana. Hace poco estábamos en un lugar llamado "El Rancho de Matt", comiendo queso y debatiendo acerca del optimismo. Yo había estado estudiando acerca del tema y pensando que todas —como individuos y como equipo— necesitábamos ser más optimistas. Mi equipo de discipulado se siente más como compañeras de guerra que como colegas de trabajo. Hemos librado juntas algunas batallas.

Esa tarde en el restaurante, estábamos hablando específicamente acerca de lo opuesto al optimismo: el cinismo. Mi investigación acerca del pensamiento negativo había confirmado que, tal como en el resto de los patrones de pensamiento en espiral, siempre podemos elegir. Tal vez no escojamos las situaciones y las personas que nos rodean, pero podemos elegir cómo reaccionamos ante ellas. Podemos elegir cómo se desarrollará nuestra mente y, por ende, nuestra vida.

Esta es la analogía que compartí con ellas para tratar de explicar lo que quiero decir. Si una noche fuéramos juntas a una fiesta y la gente al lado nuestro se estuviese quejando de que la comida no tiene sabor, de lo aburrida que es la música y de lo groseros que son los anfitriones, nos iríamos de allí con la impresión de que la fiesta fue una mala experiencia. Quizás, en lo personal, no nos hubiese molestado la comida o el ambiente, pero esas quejas nos habrían inclinado a un balance negativo.

Nos iríamos de allí pensando: "¡Qué fiesta tan horrible!"

Pero si fuésemos a la misma fiesta y, en cambio, nos sentáramos al lado de personas satisfechas que comentasen sobre la deliciosa comida, la música tan divertida, lo bien que fue pensada la distribución de los asientos, y lo buenos y generosos que son los anfitriones, nos iríamos diciendo: "¡Qué fiesta tan fabulosa!".

¿Y si en vez de una fiesta estuviésemos hablando de nuestra vida? ¿Cuán a menudo hemos *escogido* ver lo negativo? En vez de apreciar lo mejor y celebrar lo bueno, hemos elegido ver las luchas y quejarnos de lo malo.

Me pregunté en voz alta cuánto más gozo nos traería hacer la elección de ver lo mejor en cada situación.

Una de mis colegas comentó: "Jennie, entiendo a lo que vas. Pero si elijo ver lo mejor de la vida, la gente se aprovechará de mí". Algunas estuvieron de acuerdo con esa opinión. Les preocupaba que, si no se mantenían en guardia, la gente vería su inocencia y serían blanco de sus ataques.

Eso es cierto, pensé.

Nunca olvidaré lo que entonces dijo Elizabeth, otra persona del equipo: *¿Y qué hay con eso? ¿Acaso no serías más feliz?*

Elizabeth está hecha de dulzura y alegría, siempre sonriendo, siempre amable; *obviamente* iba a decir algo así. Sin embargo, algo sobre su respuesta sonaba cierto. Estaba en lo correcto: la alternativa a una vida desprotegida y al descuido es la autopreservación y un pesimismo desgastante.

¿Quién quiere vivir de ese modo?

EL PODER TRANSFORMADOR DEL ASOMBRO

El cinismo se ha vuelto algo apreciado en nuestra cultura, como si hubiésemos llegado a la conclusión de que los cínicos saben algo que el resto de nosotros no. Están siempre preparados, en guardia y *alerta* a un nivel que los demás somos incapaces de captar. Pero, en el fondo, el cinismo no es tan maravilloso. De hecho, no lo es en absoluto.

El cinismo *siempre* es impulsado por el miedo al futuro o por un rencor acerca del pasado. O bien tememos algo que puede nunca ocurrir, o bien proyectamos hacia el futuro algo que *ha* ocurrido. Compramos la mentira de que ser vulnerables o tener esperanza es algo demasiado riesgoso.

Brené Brown lo llama presagio de alegría. «La escasez y el miedo impulsan el presagio de alegría», escribió en su libro *Más fuerte que nunca*.

> Tememos que el sentimiento de alegría no dure, o que no sea suficiente, o que la transición a la desilusión (o lo que sea que nos espere en el futuro) sea muy difícil. Hemos aprendido que entregarse a la alegría es, en el mejor de los casos, predisponernos a una desilusión y, en el peor, invitar al desastre.[1]

La estrategia del enemigo es llenar nuestros pensamientos de visiones sobre todo lo que está mal en este mundo estropeado y caído, al punto que ya ni siquiera pensamos en ver lo positivo. Sin darnos cuenta, el cinismo se vuelve nuestra forma de pensar.

Aquí hay algunas preguntas que puedes hacerte para ver si el cinismo ha invadido tu mente:

- ¿Te molesta cuando la gente es optimista?

- Cuando alguien es amable contigo, ¿te preguntas qué quiere de ti?
- ¿Te sientes constantemente incomprendida?
- Cuando las cosas van bien, ¿estás esperando a ver qué saldrá mal?
- ¿Notas con rapidez los defectos ajenos?
- ¿Te preocupa que se aprovechen de ti?
- ¿Te pones a la defensiva cuando conoces a alguien?
- ¿Te preguntas por qué la gente no puede poner sus cosas en orden?
- ¿A menudo eres sarcástica?

El cinismo está destruyendo nuestra habilidad de deleitarnos en el mundo que nos rodea y realmente relacionarnos con los demás. Dios nos ofrece abundancia de gozo y deleite, y nos lo estamos perdiendo por estar con los brazos cruzados. ¿Qué tal si hubiese otra manera de vivir?

Cuando los investigadores estudiaron el asombro y la belleza, encontraron una conexión interesante: cuando experimentamos asombro, nos relacionamos con los demás de maneras beneficiosas.

Cuando nos sobrepasa la grandeza del pico nevado de una montaña o nos deleitamos en una bella canción, cuando nos sentamos en silencio en una antigua iglesia y nos maravillamos por el modo en que entra la luz por los vitrales de las ventanas, o cuando nos regocijamos de los chillidos de nuestros hijos mientras corren en el jardín trasero, dejamos de lado la obsesión de que *todo se trata de mí*. Tan solo por un momento somos libres de ser el centro de nuestro mundo, y al hacerlo, nos comprometemos más con el bienestar de los demás, nos volvemos más generosas, menos altaneras.[2]

¿Has experimentado algo así? Es el momento en el que tu corazón se expande y sientes que podría explotar tratando de capturar la belleza de algo.

El cinismo dice: "estoy rodeada de incompetencia, fraude y desilusión".

Deleitarnos en Dios y su grandeza derriba nuestros muros y da lugar a la esperanza, la confianza y la adoración.

¿Sabes cómo brota la adoración en nosotros? Poniendo la mirada en la fuente de todo deleite —Dios mismo— en vez de en nuestros problemas temporales.

Considera la descripción que hizo Pablo sobre lo que sucede cuando, al igual que los israelitas, dejamos de mirar las cosas que perecen y miramos al Dios eterno:

> Sin embargo, cada vez que ellos vuelven su rostro a Dios como lo hizo Moisés, Dios quita el celo y allí están ellos, ¡cara a cara! De repente reconocen que Dios es una presencia viva y personal, no un trozo de piedra tallada. Y cuando Dios está presente en persona, como un Espíritu viviente, esa legislación antigua y limitante es reconocida como obsoleta. ¡Somos libres de ella! No hay nada que se interponga entre nosotros y Dios, nuestros rostros brillan con el fulgor del suyo. Y así somos transfigurados casi al igual que el Mesías, nuestras vidas gradualmente se vuelven más brillantes y preciosas porque Dios entra en ellas y nosotros nos asemejamos más a Él.[3]

Así como el rostro de Moisés brillaba cuando descendió de la montaña donde Dios le permitió ver su gloria, cuando Dios entra a nuestra vida trabaja en nuestro interior y hace nuestra vida "más bella y radiante".

MENTIRA: Las personas no son dignas de confianza, la vida no resultará bien.

VERDAD: Dios es digno de mi confianza y, al final, hará que todas las cosas salgan bien.

Y sabemos que a los que aman a Dios, todas las cosas les ayudan a bien, esto es, a los que conforme a su propósito son llamados.[4]

ESCOJO DELEITARME EN DIOS Y EN LAS HUELLAS DE SU OBRA EN EL MUNDO QUE ME RODEA.

EL SABOR AMARGO DEL CINISMO

Ahora bien, si eres una verdadera cínica, no crees ni una palabra de lo que estoy diciendo. Y lo entiendo porque yo misma soy una cínica experta en recuperación. En los meses que estuve dudando, adquirí la habilidad del cinismo y la practiqué con precisión. Cuando estoy sana, suelo ser una gran animadora, una eterna optimista, apasionada y esperanzada "7" en el Eneagrama. Pero el cinismo que echó raíz en mi corazón en esos meses fue creciendo, escondido perfectamente bajo el aspecto de frialdad, bienestar y orgullo. De hecho, ya casi no podía ver la verdad de lo que era: me había convertido en una persona enojada, irritable y asustada.

Un cínico es alguien que «demuestra una tendencia a dudar de la sinceridad o bondad de los motivos y las acciones humanas».[5] Y aunque esta definición ciertamente me representaba, difícilmente se terminaba allí. Al final también comencé a desconfiar de Dios.

Podemos elegir

EMOCIÓN
HERIDA

PENSAMIENTO
*LAS PERSONAS NO SON DIGNAS
DE CONFIANZA, LA VIDA NO
RESULTARÁ BIEN*

CONDUCTA
*CRÍTICA DE MÍ MISMA
Y DE LOS DEMÁS*

RELACIONES
FRÍA Y SARCÁSTICA

CONSECUENCIA
CINISMO

CONSECUENCIA
CONFIADA

RELACIONES
CURIOSA Y COMPROMETIDA

CONDUCTA
CREO LO MEJOR DE LOS DEMÁS

PENSAMIENTO
*DIOS ES DIGNO DE MI CONFIANZA
Y, AL FINAL, HARÁ QUE TODAS LAS
COSAS SALGAN BIEN*

ESCOJO DELEITARME

EMOCIÓN
HERIDA

Para mí el cinismo era como una construcción sólida que, sin saberlo, erigía alrededor de mi corazón. En ese momento no te hubiese dicho que estaba evadiendo el verdadero gozo. Por el contrario, mi amor por las cosas alegres me había hecho pensar que me encontraba gozosa.

En vez de mi vida volverse «cada vez más bella y radiante», como dijo Pablo, mi cinismo era como una nube negra que estaba posada sobre mí. Era una persona crítica, desconfiada y distante. **El cinismo erosiona nuestra capacidad de ver a Dios correctamente.**

La raíz del cinismo es la negación a creer que Dios tiene el control y que Él es bueno. Ser cínica es interpretar al mundo y a Dios basándote en el dolor que has experimentado y las heridas que aún tienes abiertas. Te obliga a mirar en horizontal hacia las personas en vez de mirar en vertical hacia Dios.

En ese entonces no podía ver que la razón de mi comportamiento era el dolor. Estaba tan cansada de todo —la opresión, la desesperanza, el proceso de tratar de estar bien— que decidí que, probablemente, el gozo verdadero era algo inalcanzable. Pensaba que la alegría era tan solo el placer de una distracción crónica.

Pero, un día, cuando menos lo esperaba, mi cinismo y dolor crecientes fueron interrumpidos.

Ya mencioné a mi amigo Curt Thompson, quien hace poco invirtió su tiempo en brindarnos un retiro sobre liderazgo. En una de las muchas charlas de grupo me encontré proyectando una energía "no tan amable" (o al menos eso es lo que luego diría Curt). Mis cejas apenas levantadas, mis brazos cruzados contra mi pecho; todo en mi postura le comunicaba tres palabras: *déjame - en - paz.*

Aunque había experimentado mucha sanidad, no estaba de humor para preguntas invasivas. Solo quería comer queso con mis amigas y mantener a todas en lo que parecía una distancia segura.

Cada día, luego de transmitirnos un poco de sabiduría sobre nuestra mente, nuestro corazón y nuestras experiencias en el camino de la vida, Curt nos evaluaba preguntándole a alguna que otra: "¿Cómo te sientes?"

Lo miré por un segundo y, levantando los hombros mientras le dirigía una sonrisa falsa, le respondí: "Bien".

¿Quién *era* yo? Este era un hombre brillante cuyo trabajo admiro; éramos afortunadas en tenerlo allí. ¿Esa era la mejor respuesta que tenía para darle? ¿Solamente un "bien"?

Durante el resto del fin de semana mi estrategia funcionó bastante bien; mientras menos disposición de participar demostrara, Curt me hacía hablar menos. Pero justo cuando pensé que podía escapar de allí sin abrirme, algo que no me esperaba perforó mi coraza de cinismo.

Antes de contarte lo que sucedió, debería mencionar que el cinismo a menudo crece porque creemos que nos merecemos más de lo que estamos teniendo. En la raíz del cinismo se encuentra una herida paralizante. El cinismo nos dice que nadie es digno de nuestra confianza, que nunca, jamás, estamos seguras.

Mi cinismo en nuestro pequeño retiro fue motivado por un pensamiento que me avergüenza. (En serio, no puedo creer que te voy a contar esto).

Luego de mi profunda y oscura espiral espiritual, ya no me estaba despertando a las tres de la madrugada, pero todavía sentía algo de amargura hacia Dios. Esta es la razón: nunca lo hubiese dicho en voz alta, pero siempre tuve una placentera confianza de que yo le agradaba a Dios, de que era una de sus favoritas. No sé si Dios tiene favoritos, pero me gustaba imaginarme su afecto por mí específicamente.

Aquella espiral de duda me dejó cargando el miedo de que, por accidente, Dios podía dejarme caer en una hendija, tal como la factura que se supone que tenías que pagar, pero se deslizó en el espacio entre la pared y tu escritorio. Sentía como si me hubiese caído en una grieta, bien fuera porque Dios no se había enterado, o bien fuera porque no le importaba lo suficiente como para rescatarme. Me sentía herida por Dios.

Mi temor había dado lugar a una coraza protectora de cinismo que no solo bloqueaba potenciales dolores, sino también potenciales alegrías.

Volvamos a leer Filipenses 4, donde Pablo escribió:

Alégrense siempre en el Señor. Insisto: ¡Alégrense! Que su amabilidad sea evidente a todos. El Señor está cerca. No se inquieten por nada; más bien, en toda ocasión, con oración y ruego, presenten sus peticiones a Dios y denle gracias. Y la paz de Dios, que sobrepasa todo entendimiento, cuidará sus corazones y sus pensamientos en Cristo Jesús.

Por último, hermanos, consideren bien todo lo verdadero, todo lo respetable, todo lo justo, todo lo puro, todo lo amable, todo lo digno de admiración, en fin, todo lo que sea excelente o merezca elogio. Pongan en práctica lo que de mí han aprendido, recibido y oído, y lo que han visto en mí, y el Dios de paz estará con ustedes.[6]

Sí, yo había sido fiel en echar fuera algunos pensamientos pesimistas de mi mente, pero a menos que abriera la puerta a mejores pensamientos y los ayudara a instalarse, seguiría atrapada en aquellos pensamientos terribles. Había algo aquí en Filipenses 4 que sabía que no debía dejar pasar. En mi tiempo con Curt sentí que Pablo me decía: "Mira. Puedes intentar guardar tu corazón y tu mente para ti misma, o puedes rendirte y bajarle la guardia a Dios".

Mi forma de proteger mi corazón incluía, evidentemente, muros altos hasta el cielo y una afición por responder "bien" para tapar mi dolor y creciente enojo hacia Dios y hacia los demás.

—Jennie, ¿cómo estás?

—¡Bien! ¡Todo anda bien!

—¿Y ahora? ¿Sigues bien?

—¡Más que bien…! ¡En serio! ¡Cuéntame tú! Hablemos de ti.

El camino de Dios era mejor que esto. Su camino me guiaría hacia la paz.

O eso era lo que interpreté de las palabras de Pablo, al fin y al cabo. Si practicaba pensar en lo respetable, lo justo, lo amable, lo excelente y todo el resto, experimentaría la paz de Dios en mi corazón.

En serio anhelaba esa paz.

¿Por qué seguía siendo tan cínica entonces?

SORPRENDIDA POR LA BELLEZA

La primera vez que vi un musical profesional tenía unos veinte años y estaba recién casada. Una compañía de Broadway se encontraba de gira, y *Los Miserables* había llegado al escenario en la ciudad de Little Rock, Arkansas. Había asistido a algunos espectáculos escolares, y recuerdo haber pensado: *¿Qué tan distinto puede ser esto?*

Resultó ser muy distinto.

Zac y yo recién terminábamos la universidad y no teníamos dinero, pero a los arañazos juntamos fondos para pagar los boletos más económicos.

Durante todo el espectáculo —mientras la pequeña Cosette, soñando con una vida mejor cantaba *Castle on a Cloud*; mientras Éponine, perdidamente enamorada de Marius y sin ser correspondida, cantaba *On My Own*, y mientras todo el elenco cantaba *One Day More*— me acomodé sobre el barandal que me separaba del foso de la orquesta, intentando en vano captar todo lo que veía: el escenario giratorio con sus sofisticados telones, el espléndido vestuario, las frases de las canciones tan bellas que me hacían llorar. Me senté allí, anonadada, como si nunca hubiese visto un musical en mi vida, porque —tal como me di cuenta esa noche— no lo había hecho hasta ese momento.

La belleza nos interrumpe, nos despierta, nos deshace, nos abre al medio y reinicia nuestro corazón. La belleza es la evidencia divina de que algo mucho más maravilloso viene en camino, un mundo más allá del que podemos imaginar, aun en los momentos más espectaculares aquí en la tierra. Un Dios mejor al que esperábamos. Un Dios que nos da vuelta la cabeza.

De este y cientos de otros encuentros con cosas que son excelentes, que son amables, que son verdaderas, salimos distintas a quienes éramos antes. Salimos impactadas. Esto, creo, es lo que Pablo estaba insinuando cuando nos dijo en qué pensar.

Cosas buenas suceden cuando enfocamos nuestra atención en lo que es bello, en aquello que es auténtico, bueno y cautivante. Y aun por encima de eso, más allá de la obvia experiencia emocional, esas cosas buenas provenientes de la mano de Dios pueden guiarnos a Aquel que crea la belleza, que *es* la belleza.

El cinismo lleva nuestra mente a las cosas de este mundo y nos hace perder la esperanza. En cambio, la belleza nos hace mirar hacia el cielo y nos recuerda la esperanza.

El cinismo se desmorona en presencia de la belleza.

El pastor John Piper ha hablado acerca de las diez resoluciones para la salud mental de su antiguo profesor Clyde Kilby. La resolución número seis dice lo siguiente: «Abriré mis ojos y oídos. Una vez al día me limitaré a contemplar un árbol, una flor, una nube o una persona. Entonces no me preocuparé en absoluto por preguntar qué son, sino simplemente estar contento de que existan».[7]

La primera vez que leí esto, pensé en mi tercer año en la universidad, cuando en mi hermandad lideraba un estudio bíblico para unas veinte estudiantes de segundo año. Una noche de reunión, me presenté con una rigurosa lección preparada sobre un pasaje de la

Escritura. Pero una vez que todas nos acomodamos, me di cuenta de que iba a tener que cambiar de rumbo. Las chicas no estaban en un buen momento para recibir el mensaje que yo había pensado. Se veían desanimadas y derrotadas, exasperadas, agotadas y confundidas. Sin decir una palabra, salí de la casa, arranqué una hoja de un árbol cercano, volví a entrar y me senté. "Chicas", dije, "quiero que pasen esta hoja alrededor de la ronda y realmente la observen. Miren su textura, sus líneas, sus nervaduras. Observen su color. El detalle. Miren la forma, el contorno, el tallo".

Era una lección práctica muy cursi, debo admitirlo, ¿pero sabes qué? Quedó grabada en sus corazones. Dios había hecho un gran esfuerzo para crear esa hoja; ¿acaso no puso aún más intención y cuidado en nuestra vida? No estábamos solas. No éramos un accidente. Nuestras situaciones no se le escapaban a Dios. Lo que fuese que nos hiciera peso, Dios lo quitaría de nuestras espaldas con mucho gusto.

Piensa en un *pavo real*, por el amor de Dios. Los colores y el detalle, tan innecesariamente encantador. ¿Quién sino Dios haría algo así?

O el modo en el que una sinfonía se intensifica hasta llegar a hacernos sentir algo que casi no podemos explicar. La expresión de mi rostro y mi postura se elevan cuando escucho algo así.

O en el video del hombre tocando su piano vertical en la sala de su casa, rodeado de agua hasta la rodilla tras el huracán Harvey.[8]

Piensa en los patrones de los pétalos de una flor: tres tiene el lirio, cinco el botón de oro, veintiuno la endivia, treinta y cuatro una margarita. ¿Sabes? Eso no *sucede* por accidente. Dios las pensó y enseguida las creó.

Piensa también en las espirales perfectas tanto de un huracán como de una concha de mar. O en los patrones de vuelo de los pájaros. O en el diseño de tus codos y tus dedos de la mano y del pie. La belleza está donde quiera que mires, si tan solo tienes ojos para ver.

Hay tanta intencionalidad en cada cosa.

Tanta artesanía.

Tanta funcionalidad impecable.

Tanta belleza.

Tanta *evidencia*.

Los científicos se preguntan si todo es una mera coincidencia. Yo sé algo más que eso y probablemente tú también. «Los cielos cuentan la gloria de Dios, y el firmamento anuncia la obra de sus manos», declaró el salmista.[9] **Lo bueno no solo debe hacernos sentir bien sino guiarnos hacia Dios.**

Aquel día en el retiro de liderazgo Dios irrumpió en mis brazos cruzados y mi quejido de "estoy bien". Y de todas las cosas que podía usar, Él usó un ensayo. Un ensayo simple y bello acerca del caos de las dificultades inesperadas. Aunque la trama de *Welcome to Holland* [Bienvenido a Holanda] se basa en descubrir que tu hijo tiene necesidades especiales, las verdades que contiene se pueden aplicar a muchas otras situaciones.

Mi amiga Mica lo citó de memoria, y sus palabras penetraron los muros de protección que había construido tan minuciosamente.

El relato10 describe la planificación de un viaje maravilloso a Italia, la compra de guías viajeras y la elaboración del itinerario. Pero cuando te bajas del avión descubres que has aterrizado en Holanda. Holanda no está mal, pero todos tus amigos están en Italia, viviendo las vacaciones que tú soñaste, y tú estás aquí en Holanda sola y sin saber qué hacer.

Y lloré porque yo también había estado sola en Holanda y quería saber por qué Dios parecía estar conforme con eso. ¿Por qué me dejaría sin consultarme, librada a planes que yo no realicé ni tampoco deseaba? ¿Por qué me dejó caer en la hendija tras el escritorio y me dejó allí?

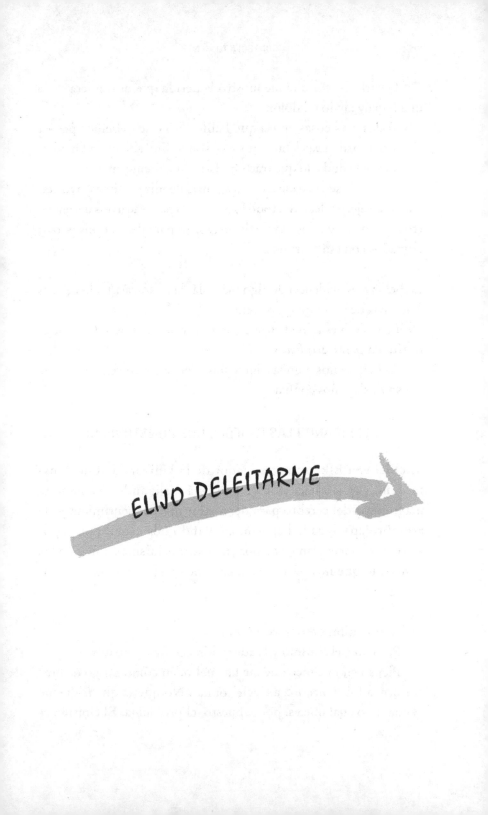

ELIJO DELEITARME

Decirlo en voz alta me mostró la herida que ni siquiera sabía que tenía y alivió mi dolor.

Todas esas cosas en las que Pablo dijo que debemos pensar —todo lo bello, excelente y justo— son lo que ablandan un corazón lleno de duda, lo que trae sanidad a una mente en caos.

Un fin de semana entero con algunas de mis personas favoritas y un consejero talentoso, todo lo necesario para sacarnos del encierro interior…, y Dios se vale de un *ensayo* para desatar mis brazos cruzados con tanta firmeza.

La belleza es evidencia de algo más allá de nosotras. La belleza es evidencia de un mundo por venir.

La belleza es la evidencia de un Creador que nos ama y que es profundamente exquisito.

La belleza nos inunda e interrumpe cuando, en vez de elegir el cinismo, elegimos confiar.

DERRIBANDO LAS PAREDES QUE CONSTRUIMOS

Michiel van Elk, un investigador de la Universidad de Ámsterdam, explicó hace poco cómo está utilizando resonancias magnéticas del cerebro para demostrar que los sentimientos de asombro apaciguan el egoísmo. Cuando nos asombramos por algo, nos concentramos menos en nosotros mismos y más en los demás, lo que nos permite conectarnos mejor con los que nos rodean.[11]

Cuando sentimos asombro adoramos.

Por ende, el cinismo y la adoración no son compatibles.

Pienso en lo cínica que me he vuelto, en cómo mi yo de brazos cruzados *nunca* iba a elegir confiar. No quería que nadie me ayudara, lo cual que es, por supuesto, el problema. El cinismo es especialmente poderoso en las manos de Satanás, porque cuando nos atraviesa, no vemos la necesidad de que nos ayuden.

Pensamos que estamos bien, muchas gracias.

La verdad es que necesitamos a Jesús con desesperación.

El cantante Bruno Mars lanzó una canción de amor hace unos años que decía algo así como «Por ti atraparía una granada y saltaría frente a un tren».[12] Aunque la melodía era pegadiza, no creo que Bruno realmente haría eso por ti, ¿sabes?

Pero adivina quién sí lo haría.

Adivina quién lo hizo.

Jesús, el Hijo de Dios. Él hizo el sacrificio más grande para romper con nuestra actitud superada de "no necesito a nadie", nuestro intelecto, nuestra duda y vergüenza. Él entró en nuestra realidad y nos cautivó con la historia que estábamos anhelando.

Hace unos meses, mientras daba una charla en un evento, en mi hogar se estaba desatando una pequeña crisis. Mi hija menor, Caroline, había quedado encerrada por accidente en el baño y no podía salir. Nuestra casa en Dallas tiene unos cien años, lo que significa que los marcos de las ventanas tienen como dieciocho capas de pintura, los pisos no están bien nivelados y los picaportes son propensos a salirse. Y eso fue lo que le pasó a Caroline con la puerta del baño, dejándola atrapada.

Zac estaba conmigo, respondiendo mensajes de texto frenéticamente, primero de Caroline y luego de nuestro hijo Conner, quien vivía en la universidad a unos pocos kilómetros de allí, pero oportunamente había pasado por casa a recoger unas cosas. Transcurrieron dos horas luego de todo el intercambio, hasta que yo me enteré de lo sucedido, y lloré de risa.

Zac a todos los chicos Allen excepto Caroline:	Ey, chicos, vayan a rescatar a Caro que está encerrada en el baño
Zac a Caroline:	Caroline, ¿pudiste salir?
Conner a Zac:	Esto es muy malo
Zac a Conner:	Mamá está en el escenario hablando
Conner a Zac:	¿Puedo romper la puerta?
Conner, unos segundos más tarde, a Zac:	No hay otra solución y ya debo irme a clases
Conner, en una misión, a Zac:	Nada está dando resultado…
Conner a Zac:	[envía una selfi, con su casco de fútbol americano, camiseta y almohadillas puestas]
Conner a Zac:	Derribaré la puerta
Zac a Conner:	No
Conner a Zac:	Tengo protección papá, ¿puedo simplemente sacarla? Esto no está funcionando
Zac a Conner:	No
Kate a Zac y Conner:	Llego a casa en unos minutos
Zac a todos los chicos:	Caroline, solo espera a que mamá termine y te llamo
Zac a Caroline:	Mientras tanto haz lo que siempre haces en el baño. Eso debería mantenerte ocupada durante algunas horas

En la selfi, la expresión de Conner es de determinación rotunda, de compromiso y preocupación, de "¡Voy por ti Caroline!"

Y, amiga, esto es lo que imagino cuando pienso en ti luchando contra toda clase de problemas, girando en espiral…

Jesús vino por nosotras, por ti y por mí, que estábamos con nuestros brazos cruzados, resentidas, enfadadas, inseguras, dudosas, cínicas, negativas.

Sé que dije que el pensamiento disruptivo que cambia todos los demás es *PUEDO ELEGIR.*

Y hay una razón por la cual eso es cierto. Puedes elegir, y eso es porque Jesús te eligió primero.

Es porque derribó la puerta y te rescató con su belleza y su bondad. Se preparó y vino por ti. Y por eso no eres una persona cínica, que está esperando lo peor.

Porque te prometió una eternidad mejor de lo que te puedes imaginar.

¿POR QUÉ NO ME ESCUCHAN?

¡YO TENÍA RAZÓN!

NO TE PREOCUPAS POR MÍ.

LES DEMOSTRARÉ QUE ESTÁN
EQUIVOCADOS.

NADA DE ESTO ES CULPA MÍA.

¿ACASO A NADIE LE IMPORTAN
MIS NECESIDADES?

YO PUEDO CON ESTO SOLA.

12

MENOS IMPORTANTE

Elijo servir a Dios y a las personas

Hace no mucho, le respondí mal a una de mis colegas de IF:Gathering. Lo peor es que ella era nueva en el grupo, todavía no me conocía. Por ende, no sabía que no suelo ser una persona irritable. Para empeorar las cosas, no me disculpé. Al menos no al principio.

No voy a entrar en detalles sobre lo que ella hizo para catalizar mi respuesta... llamémosla "pasional". Pero reaccioné con tal agitación, tal temperamento, que la ignoré por completo. Y noté que la había bloqueado. Solo un imbécil no hubiese notado eso. ¿Pero acaso remedié la situación pidiéndole disculpas? No. Seguí con mi día. (Quiero aclarar: si quieres hacer una pasantía en nuestro grupo de IF:Gathering, por favor no dejes que este incidente te desaliente a inscribirte. El noventa y nueve por ciento del tiempo soy muy, muy amable).

Más tarde ese día, al salir de la oficina, pensé en llamar a esta nueva colega y disculparme, pero mi cabeza se aventuró en un camino de autojustificación: *Quizás no le pareció algo tan grave. De seguro ya se olvidó. Tal vez llamarla y hablar de mi mal comportamiento solo remueva y empeore las cosas.*

Pensé en que mi reacción estaría justificada porque su perspectiva carecía de base. También pensé en lo cansada y hambrienta que estaba y que me merecía un poco de piedad. Sí, estaba segura de que, si ella supiera todo el estrés que estaba cargando, sería condescendiente conmigo.

Así que yo misma me otorgué esa piedad.

Si hubiese prestado más atención hubiese reconocido que usar mi autoestima como una guía válida para la vida es una gran mentira.

Quizás te identifiques con esto. Nos comparamos y contrastamos, justificamos y juzgamos, y pasamos una cantidad de tiempo ridícula contemplando nuestra identidad y nuestro lugar en este mundo. Tal vez esta es la razón por la cual el apóstol Pablo nos advirtió acerca de tener un concepto más alto de nosotros que el que debemos tener. En cambio, debemos «honrarnos los unos a los otros».[1]

Pero desarrollar una perspectiva así sobre la vida requiere la decisión de interrumpir repetidamente el trayecto natural de nuestros pensamientos.

Uno de mis pensadores favoritos de la vida cristiana es el pastor y prolífico escritor del siglo XIX, Andrew Murray. Uno de sus libros más conocidos trata sobre este tema de la humildad. De hecho, ese es el título del libro: *Humildad*. No parece muy creativo, pero a veces las cosas simples funcionan mejor.

En su libro, Murray escribe mucho sobre los matices de considerar a otros como «superiores a ti mismo», refiriéndose a la humildad en términos nobles como «participación en la vida de Jesús», «el lugar de plena dependencia en Dios», «el único suelo en el que crece la gracia», «la disposición que prepara al alma para una vida basada en la confianza», «nuestra redención» y «nuestra salvación».[2]

También dijo lo siguiente: «La pregunta que aparece a menudo es: ¿cómo podemos considerar a otros como superiores a nosotros cuando vemos que están por debajo nuestro en sabiduría y santidad, en dones o en gracia recibida?».[3]

Ahora, veamos, esto es lo que hace que me guste tanto Andrew Murray. Él sabía exactamente que nuestra mente puede volvérsenos en contra, ¡y tuvo el coraje de poner nuestros pensamientos en palabras!

El orgullo dice:

El otro es el que está equivocado.

Su reacción exagerada es lo que causó todo este lío.

Yo no soy tan mala.

Mi pensamiento cuando le contesté mal a mi compañera de ministerio fue: *No fue tan grave.*

Es probable que ya sepas cómo termina esta historia.

Por las siguientes veinticuatro horas, un pasaje de la Biblia venía todo el tiempo a mi mente. Cuando mi boca me mete en problemas, tiendo a pensar en este pasaje de la primera carta de Pedro, capítulo 2. El contexto es sobre la vida que debemos llevar como escogidos de Dios, y la respuesta corta es que debemos seguir el ejemplo de Jesús. ¡Supongo que ya lo sabías!

Aquí es donde se complican las cosas, al menos para mí. Jesús, quien vino a la tierra desde el cielo y tomó la forma de un cuerpo humano, vivió su vida a la perfección y al final fue declarado por Dios como libre de pecado. Esto incluye el tenso conflicto con los líderes religiosos que decidieron que sería sacrificado en una cruz romana. Esto, para un hombre que, de acuerdo con el versículo 22, «no cometió ningún pecado».

Así que Jesús se encontraba delante de hombres poderosos, hombres que tenían en sus manos la decisión de mandarlo a matar. Lo estaban cuestionando —la Biblia dice injuriando—, pidiéndole defender su propia causa. Jesús se enfrentó con una decisión clave: ¿cómo iba a reaccionar?

La respuesta me da convicción. «Cuando le maldecían», dice el versículo 23, «no respondía con maldición; cuando padecía, no amenazaba, sino encomendaba la causa al que juzga justamente».

Ugh.

Jesús no hizo nada malo y se abstuvo de hablar cuando fue acusado injustamente; mi compañera quizás, casi, un pelín, dijo algo inapropiado, ¿y yo en respuesta la ataqué de ese modo?

EL CAMINO DE LA HUMILDAD

Hace varios capítulos que venimos hablando de algunas elecciones que podemos hacer cuando somos confrontadas con patrones de pensamiento tóxicos, acerca de *pensamientos diferentes* que podemos elegir, pensamientos que reflejan la mente de Cristo.

Por ejemplo, cuando somos tentadas a utilizar el trabajo para que nos distraiga de lidiar con la verdad, podemos elegir descansar en la presencia de Dios.

Cuando nuestra mente está consumida por la ansiedad, las dudas y los miedos, podemos elegir recordar las verdades acerca de Dios.

Podemos pensar en su cercanía.

Podemos pensar en su bondad.

Podemos pensar en su provisión.

Podemos pensar en su amor.

Cuando somos tentadas a creer que estamos solas en este mundo, podemos elegir pensar: *El Espíritu de Dios vive en mí, y por eso, nunca estoy sola. Hay personas que me aman, que quieren estar conmigo. Puedo hablar con ellas en vez de sentarme aquí, atascada.*

Cuando somos tentadas a pensar con cinismo —que la vida no vale la pena, que nuestros esfuerzos son en vano, que al final nada importa, que no podemos confiar en nadie— podemos elegir abrirnos hacia el mundo que nos rodea, acogiendo el deleite en Dios y todo lo que ha hecho por nosotras.

Todas estas son opciones que podemos tomar para cambiar la configuración de nuestros pensamientos y ayudarnos a ser quienes anhelamos ser.

Esto nos lleva a nuestra quinta herramienta para cambiar los patrones de pensamiento que nos dañan: la *humildad*. Uno de los enemigos de nuestra mente, especialmente rampante en esta generación, es la visión inflada de uno mismo que nos otorgan las redes sociales, los espectáculos y las películas, incluso los libros de autoayuda. Nos alimentan el ego con mensajes continuos sobre lo mucho que valemos, lo importantes que somos... y nosotras les creemos cada palabra.

Podemos hacer una elección distinta.

Cuando el enemigo nos invite a probar el fruto de la arrogancia y de «ser como Dios»[4], podemos elegir tomar nuestra cruz y seguir a Cristo, sabiendo que nuestra identidad solo está anclada en Él.

Pero toda nuestra naturaleza humana va a batallar contra esto.

Hace poco publiqué en Instagram esta cita a menudo atribuida a Andrew Murray:

La humildad es la quietud perpetua del corazón (...) Es no esperar nada; no pensar en lo que me han hecho, sentir que nada se ha hecho en mi contra. Es estar en paz cuando nadie me alaba y cuando me culpan o desprecian; es tener un hogar bendito en el Señor, a donde puedo ir y cerrar la puerta y arrodillarme ante mi Padre en secreto, y estar en paz, como en un profundo mar de tranquilidad, cuando todo a mi alrededor indica turbulencia.

Los comentarios en respuesta a ese posteo fueron impagables:

"Guau, eso es difícil".

"Qué extraño".

"¡Uy! eso duele".

La humildad es diametralmente opuesta a los caminos de este mundo. Al torbellino que es nuestra mente le cuesta imaginar estar en quietud en vez de andar buscando aprobación.

MENTIRA: Cuanta más autoestima tenga, mejor me va a ir en la vida.

VERDAD: Cuanto más elija a Dios y a los demás por encima de mí misma, más gozosa estaré.

Haya, pues, en vosotros este sentir que hubo también en Cristo Jesús,

el cual, siendo en forma de Dios, no estimó el ser igual a Dios como cosa a que aferrarse,

sino que se despojó a sí mismo, tomando forma de siervo, hecho semejante a los hombres;

y estando en la condición de hombre, se humilló a sí mismo, haciéndose obediente hasta la muerte, y muerte de cruz.[5]

ELIJO SERVIR A DIOS Y A LOS DEMÁS POR ENCIMA DE SERVIRME A MÍ MISMA.

Sin embargo, es interesante: **no fuimos creados para ser el centro de nuestro mundo.**

El egocentrismo puede entrometerse con esos bellos espejos neuronales de los que hablé hace algunos capítulos. ¿Recuerdas lo que hacen? Nos ayudan a empatizar con los demás y conectar a una escala visceral. Cuando estamos llenas de pensamientos acerca de nuestra importancia, nuestros espejos neuronales se inhabilitan. Por eso, en mi espiral de arrogancia, entender realmente el punto de vista de mi colega era casi imposible.[6]

Puedo elegir

EMOCIÓN
ENOJO

PENSAMIENTO
SOY MEJOR QUE
LOS DEMÁS

CONDUCTA
AUTOBOMBO Y
AUTOPROTECCIÓN

RELACIONES
EXHAUSTA
Y DESCUIDADA

CONSECUENCIA
SENTIRME DESCONOCIDA
Y NO AMADA

CONSECUENCIA
SIRVO AL PRÓJIMO
DESINTERESADAMENTE

RELACIONES
GENEROSA Y ALEGRE

CONDUCTA
ALIENTO Y PROTEJO
A LOS DEMÁS

PENSAMIENTO
CUANTO MÁS ELIJA A DIOS Y
A LOS DEMÁS POR SOBRE MÍ
MISMA, MÁS GOZOSA ESTARÉ

ESCOJO SERVIR A DIOS
Y A LOS DEMÁS

EMOCIÓN
ENOJO

ALGO NO TAN BUENO

El apóstol Pablo personificó la idea de estar en quietud aun cuando somos inculpadas o despreciadas. En prisión —probablemente en arresto domiciliario—, pensando en cómo sería ejecutado, declaró su deseo principal de regocijarse, de alabar a Dios, de llevar las buenas nuevas dondequiera que vaya. «Toda ganancia que he tenido, la cuento como pérdida por causa de Cristo», dijo.

> Pero cuantas cosas eran para mí ganancia, las he estimado como pérdida por amor de Cristo. Y ciertamente, aun estimo todas las cosas como pérdida por la excelencia del conocimiento de Cristo Jesús, mi Señor, por amor del cual lo he perdido todo, y lo tengo por basura, para ganar a Cristo, y ser hallado en él, no teniendo mi propia justicia, que es por la ley, sino la que es por la fe de Cristo, la justicia que es de Dios por la fe; a fin de conocerle, y el poder de su resurrección, y la participación de sus padecimientos, llegando a ser semejante a él en su muerte, si en alguna manera llegase a la resurrección de entre los muertos.[7]

Pablo poseía un desapego increíble tanto hacia sus pérdidas como a sus logros. Ignoraba las cosas que el resto del mundo estima. Quiero decir, se ignoraba aun a sí mismo. No le podía importar menos lo que le sucediera a él, siempre que pudiera conocer más a Jesús. De hecho, ¿has visto esas cosas que el resto de nosotras considera importantes? «¡Basura!», dijo Pablo.

Estas percepciones sobre Pablo me parecen impactantes, especialmente en estos tiempos. Si tuviera que señalar la línea de pensamiento más destructiva de nuestra cultura en el siglo veintiuno, sería sin duda nuestra búsqueda incesante de ser grandiosas. Invertimos mucho esfuerzo intentando ser distintas, exitosas, más inteligentes, más fuertes, más delgadas… grandiosas. Amamos ser grandiosas. Es tan grandioso ser grandiosa.

Queremos ser grandiosas, o sea, *dotadas y exitosas*. Claro, quizás lo planteamos en términos aceptables como "hacer grandes cosas por el reino de Dios" o "hacer famoso el nombre de Dios". Pero de alguna manera, nuestros pensamientos se terminan centrando en nosotras y no en Él: cómo alcanzar nuestras metas, cumplir nuestros sueños, incrementar nuestra influencia, posicionarnos para el éxito.

Quiero contarte rápidamente una historia. En todo el tiempo que hace que la conozco, mi amiga Heather se muere de ganas de usar los dones que tiene para escribir y enseñar. Pero por alguna razón, ¡no lo hace!, a pesar de que sus amigas la alentamos a hacerlo porque realmente es dotada en eso.

Hace poco estábamos charlando por teléfono y me expresó una visión un poco crítica sobre otras personas que están corriendo la carrera.

Se trataba de personas a quienes ambas les tenemos mucho cariño, personas que están construyendo, sirviendo y arriesgándose hasta los huesos.

¿Por qué fue tan crítica mi amiga? Una persona amorosa, santa, creativa. Pues porque —tal como (odiará que diga esto) el cincuentón gruñón que come nachos en las gradas, mientras determina cómo su equipo de futbol debería jugar para vencer al contrincante—, ella se encontraba en las gradas, comiendo nachos, sin arriesgarse.

Invertimos mucho tiempo mirando a los demás, no para alentarlos en su crecimiento sino para descubrir cómo nosotros damos la talla. Nos convencemos de que Dios quiere que seamos increíbles. Todo se trata de empoderarnos. **Pero el verdadero gozo**

vendrá cuando Dios esté en el centro; no cuando yo me empodere, sino cuando descanse en su poder.

Cuando lo único que hacemos es pensar en nosotras, nos olvidamos de cuánto necesitamos a Jesús. Compramos la mentira del autoempoderamiento: "tienes todo bajo control". Nos olvidamos de que somos llamadas a tomar nuestra cruz y seguir a Cristo, a compartir sus sufrimientos, y a «[andar] como es digno de la vocación con que fuisteis llamados, con toda humildad y mansedumbre, soportándoos con paciencia los unos a los otros en amor, solícitos en guardar la unidad del Espíritu en el vínculo de la paz».[8]

Yo reacciono mal con mi colega, luego me siento angustiada, culpable y enojada. Para sentirme mejor, me trago esos sentimientos y sigo adelante. Al rato siento culpa de nuevo, pero en vez de disculparme, comienzo a hacer una lista de las razones por las cuales yo estaba en lo correcto y ella no.

¿Notas algún patrón en la siguiente lista?

Yo me siento angustiada.

Yo me siento culpable.

Yo me siento enojada.

Yo me trago esas emociones.

Yo sigo adelante.

Yo hago un listado de las razones.

Yo decido que estoy en lo correcto.

Yo, yo, yo, yo, yo.

Un orgullo inflado llena mis sentidos y hace que me siga justificando, defendiendo, esquivando la responsabilidad y negándome a ceder.

Yo soy la pieza central de este pequeño escenario, la que ha roto el lazo que me unía con mi compañera.

ELIJO LA HUMILDAD

Humildad. A veces es tan *difícil* sentirla ¿sabes? Soy como una niña que prefiere perder todos sus juguetes favoritos en vez de decir: "Perdón. Estaba equivocada".

Luego me acuerdo de Jesús…, sin culpa y acusado injustamente.

Y sin embargo completamente humilde en su corazón.

Nuestro amigo el apóstol Pablo señaló a Jesús como guía para abandonar nuestra grandeza. En Filipenses 2, escribió: «Haya, pues, en vosotros este sentir que hubo también en Cristo Jesús».[9]

¿Y cuál era ese sentir?

[Jesús], siendo en forma de Dios, no estimó el ser igual a Dios como cosa a que aferrarse, sino que se despojó a sí mismo, tomando forma de siervo, hecho semejante a los hombres; y estando en la condición de hombre, se humilló a sí mismo, haciéndose obediente hasta la muerte, y muerte de cruz.[10]

Se despojó a sí mismo tomando forma de siervo.

Se humilló haciéndose obediente hasta la muerte.

¿Esto te trae tanta convicción como a mí?

Un sacrificio que requería un vaciamiento, la máxima mansedumbre, una humildad arrasadora en el corazón; esto no solo fue un acto de amor de Jesús a la humanidad. Su intención también era ser ejemplo: *aquellos que lo siguieran harían esto constantemente.*

Invitando a su egoísmo a morir.

Soportando la muerte de sus sueños.

Permitiendo la muerte del hiperconsumismo.

Siendo las menos increíbles, las menos populares, las últimas.

Jesús se humilló de manera tan profunda para que nosotras también fuéramos impulsadas a vivir una vida de humildad.

Es así, si eso es lo que *elegimos.*

LA VENTAJA DE LA HUMILDAD

Cuando nos percatamos de que hemos comprado la mentira de nuestra propia grandeza y tomamos la decisión de hacer un giro hacia la humildad, podemos seguir el ejemplo de Jesús que: «no estimó el ser igual a Dios como cosa a que aferrarse...»
que «se despojó a sí mismo...»
que tomó «forma de siervo...»
que se «humilló a si mismo...»
que se hizo «obediente hasta la muerte, y muerte de cruz».
Cuando imitamos las cualidades que motivaron estos actos, ponemos a Dios en su legítimo lugar. Reemplazamos la mentira de nuestra grandeza con la verdad de quién es Dios y cuán pobres somos lejos de Él. La humildad se convierte en la única postura lógica de nuestro corazón.

El día después del episodio con mi compañera, y bajo la innegable convicción que Dios me dio, la aparté a un lado y le pedí que me perdonara. "Debo disculparme por algo que te dije ayer", comencé. "Me equivoqué y estoy tan arrepentida. Mi reacción fue totalmente injusta".

¿Vieron que me preguntaba si tal vez ella ni siquiera había notado el desprecio, o si quizás lo pasó por alto y siguió adelante? Bueno, no era así.

"¿Te importa si espero un rato para tranquilizarme", preguntó en voz baja, "y luego nos sentamos juntas y lo charlamos?"

Yo la había herido, profundamente. Se había sentido miserable durante las últimas veinticuatro horas.

La Biblia deja en claro que la humildad viene con beneficios,[11] pero déjame hablarte de tres beneficios específicos, teniendo en cuenta la situación con mi colega.

La humildad nos ayuda a soltar la presión de ser increíbles

Sé algo acerca de mí misma que por mucho tiempo solía intentar esconder: acércate demasiado y te decepcionaré enseguida y con frecuencia.

Y aunque odio que eso sea cierto, lo es. Los pedestales hacen a la gente sentirse miserable, y cuanto antes mi nueva compañera se dé cuenta de que está trabajando para una pecadora que de casualidad lidera una organización (y que quizás cometa el error de gritarle una vez y sentirse horrible luego, ejem), mejor.

No estoy justificando mi comportamiento, pero la verdad es que cometeré errores. Algunas veces seré egoísta, desconsiderada y seca. Decepcionaré. No es que *quiera* tener esas actitudes, pero alguna que otra vez sucederá. Definitivamente voy a meter la pata. ¿Cómo sé todo esto?

Porque llegué a entender que no soy tan grandiosa.

Antes que saltes en mi defensa: *creo que llegar a comprender esto es la meta.* Que no me preocupe demasiado lo que tú piensas de mí. Que no me importe demasiado lo que yo pienso de mí siquiera. ¿Sabes cuanta libertad podríamos experimentar si valoramos estas dos verdades tan simples?

Mi hijo Cooper tiene diez años y es la personificación viviente del egocentrismo. Adoro a ese niño, pero sigo pensando lo mismo. Pienso que todos somos así a los diez años: somos la gran cosa, o al menos creemos que lo somos. (El colegio secundario normalmente se encarga de esas cosas, así que voy a dejarlo fluir).

En fin, Cooper, que se preocupa más por su vestimenta y sus zapatos que por sus dos hermanas adolescentes combinadas, bajó las escaleras el otro día calzando las refinadas zapatillas de básquetbol *Air Jordan* que le regaló su abuela y me recordó que "necesitaba" una chaqueta de cuero. Hace semanas que viene pidiendo una. No sé a cuál de sus héroes basquetbolistas vio usando una igual, pero ahora su vida no está completa hasta que él no tenga una de esas chaquetas.

"Solo quiero ser increíble", me dicen sus ojos suplicantes.

¿Acaso tú y yo somos distintas? A los diez o a los cuarenta años, nuestros ojos dicen lo mismo.

Cuando (finalmente) elegí humillarme con mi compañera y pedirle perdón por lo que había hecho, me sentí aliviada. Había agachado la cabeza como nos pide Dios, algo que tú y yo solemos detestar.

Me había humillado.

Me había disculpado.

Había arreglado las cosas.

Hoy mismo estuve escribiéndome al teléfono con ella sobre nuestra riña, y pudimos reírnos sobre eso.

Sé que hoy en día está de moda hablar de lo increíble que somos todas, lo *especiales* y *talentosas* y *suficientes* que somos cada una de nosotras. Pero debo decírtelo, no veo estas ideas en las Escrituras. Solo encontramos nuestra "suficiencia" en Cristo. En todo caso, la Palabra de Dios nos dice que acampemos en la acera opuesta de uno de los pilares de nuestra cultura: cuando somos débiles, en realidad es algo bueno, porque el poder de Dios se hace evidente en nosotros.[12]

Creo que esto es una noticia *fantástica*.

Hace poco leí un artículo acerca de los problemas que vienen junto con el éxito. Incluía esta cita de un hombre que, para los estándares del mundo, ha alcanzado la genialidad. «Imagina la vida como dos barómetros», dijo.

Uno es cómo te ve el mundo. El otro es cómo te sientes contigo mismo. Al subir tu posición en este mundo, la imagen que tienes de ti mismo se derrumba. Las personas se gratifican con buena comida, alcohol, drogas o sexo para evitar ser demasiado exitosos. ¿Por qué los directores ejecutivos que llegan a la cima del mundo tienen problemas de autoestima? Es simple: La gente que se siente como sacos de […] lo compensan actuando como dioses de la creación.[13]

El egocentrismo siempre implosiona. Porque no fuimos hechos para vivir como dioses.

Sin embargo, con toda la evidencia en su contra, el éxito todavía es la droga más popular de nuestra generación.

Escucha. Existe una razón por la que no nos gusta estar en un asilo de ancianos o en un hospital. Hay una razón por la cual vivimos en pose. Hay una razón por la cual compramos productos con una etiqueta que dice "antiarrugas". Hay una razón por la cual manejamos un auto más caro del que en realidad podemos comprar. Hay una razón por la cual miramos las etiquetas.

Todas queremos ser increíbles, a pesar de que Cristo es el único increíble.

Esta es una de las verdades más liberadoras y menos acogidas en el cristianismo: por el sacrificio de Jesús, nosotras recibimos su genialidad como parte del trato. Recibimos su justicia. Recibimos perdón. Recibimos descanso. Recibimos gracia.

La humildad nos recuerda esta verdad. Nos dice: "Relájate. Tu única esperanza es Cristo".

Son buenas noticias y nos otorgan el alivio que todas estamos deseando.

La humildad nos ayuda a ver a las personas como Dios las ve

Antes te dije que una de las razones por las cuales adoro a Andrew Murray es que tuvo el coraje de admitir lo que tú y yo probablemente pensamos de vez en cuando, que es algo como: *¿cómo se* *supone que sea humilde con* esta persona *(quienquiera que sea), cuando es tan hiriente/irritante/errada?*

Aquí está el resto de lo que Andrew pensaba sobre eso: «La pregunta demuestra lo poco que entendemos acerca de la verdadera estrechez de la mente. La verdadera humildad viene cuando, a la luz de Dios, hemos visto que no somos nada, hemos aceptado desprendernos y deshacernos de nosotros mismos, para dejar que Dios sea todo».[14]

"Deshacernos de nosotros mismos". Ya no utilizamos esa frase, pero es muy buena. Significa poner nuestras inquietudes y consideraciones a un lado, dejarlas bien lejos, depositarlas en las manos de Dios. Mateo 6:33 dice que cuando dejamos de lado nuestras preocupaciones, Dios promete cuidar de nosotros. Algo increíble sucede cuando nos "deshacemos de nosotras mismas", y es que al hacerlo liberamos espacio para considerar al *prójimo*. Cuando no estás ocupada en ti misma notas a las otras personas, personas a las que quizás puedas ayudar. Las vemos con una nueva perspectiva. Vemos su necesidad y su fragilidad.

Cuando me di cuenta de que tenía que disculparme con mi colega, se despertó mi empatía. Al ir hacia ella, reconocer mi error y decirle "¿puedes perdonarme?", pude ver las cosas desde su perspectiva. Pude entender lo dañinas y equivocadas que habían sido mis acciones.

El apasionado predicador bautista Charles Spurgeon dijo una vez: «Gran parte de tu propia belleza espiritual puede medirse en lo que puedes ver en los demás».[15] Solo después de elegir humillarme pude ver la frustración, el enojo y el dolor de mi compañera.

«¡Adquiere sabiduría! Por sobre todas las cosas, adquiere discernimiento», dice Proverbios 4:7 (NVI). La humildad nos trae ambas *rápidamente*.

La humildad nos ayuda a tratar a las personas como lo haría Jesús

Existe un tercer beneficio en escoger el camino de la humildad, y es que podemos ayudar a los que están en necesidad. Recordarás que, en respuesta a mi disculpa, mi colega me pidió un tiempo para tranquilizarse. Fuera de una postura humilde, ¿quién le concedería algo así? *Vamos… ¿debes pensar si vas a aceptar mi disculpa?*

Tras escuchar su pedido recuerdo haber pensado: *No. ¡Quiero arreglar esto ahora!* Pero ¿adivina qué? No se trataba sobre mí. Ella tenía todo el derecho a pedirme eso.

La humildad nos dice: "No solo te veo, sino que elijo poner tus necesidades por encima de las mías".

Así que le dije (y al final lo sentí): "Por supuesto, amiga. Tómate todo el tiempo que precises. Estaré aquí cuando estés lista para hablar".

UN PLACER IMPROBABLE

Hace no mucho tiempo, mientras conversaba con mi hija Kate acerca de un programa que nos gusta en Netflix, ella dijo: "Lo adoro. Pero también lo detesto, ¿sabes?". Continuó diciendo que se estaba dando cuenta de que la elección socialmente aceptable de holgazanear viendo Netflix difícilmente sea buena. "Cuando paso una noche haciendo eso", dijo Kate, "en vez de, por ejemplo, leer la Biblia o sentarme a hablar con Dios, termino apuntando en una dirección por completo distinta que si hubiese hecho lo otro más fructífero".

Se rió. "No sé si eso me convierte en una nerda o qué".

"Todos deberíamos ser así de nerdos", dije.

La cosa es así: yo creo en la Biblia; quiero vivir lo que ella dice; quiero ser más como Jesús cada día. Y a pesar de estas intenciones nobles, el hecho es que no puedo hacer aparecer la humildad por arte de magia. Hay una razón por la cual nuestra primera elección en esta parte del libro involucraba estar en calma y buscar a Dios. No podemos ser más como Él, si no es que Él nos imparte de sí mismo. La humildad solo viene cuando elijo estar con Él y depender de Él en vez de comprar la mentira de que yo soy suficiente.

Uno de mis diccionarios bíblicos favoritos define la *humildad* de este modo: una condición de pequeñez o aflicción en la que uno experimenta pérdida de poder y prestigio.

Luego esclarece la definición con lo siguiente: «Fuera de la fe bíblica, la humildad en este sentido no sería considerada una virtud. Sin embargo, en el contexto de la tradición judeocristiana, la humildad es considerada la actitud correcta de los seres humanos hacia su Creador. La humildad es la conciencia agradecida y espontánea de que la vida es un regalo, y que se manifiesta como un reconocimiento desinteresado y franco de absoluta dependencia de Dios».[16]

Fuera de la fe, la humildad sería una *locura*. ¿Quién quiere *menos* poder, *menos* prestigio? Pero dentro de la fe bíblica esta dependencia en Dios es virtuosa.

Si Dios me creó y me ama, ¿por qué yo querría robarle la gloria? No puedo quitarle la gloria porque soy tan solo un ser humano y, después de todo, ¿por qué lo intentaría siquiera?

La verdad es que nuestro corazón no va tras el poder; va tras la alegría. Y el engaño consiste en que creamos que, de algún modo, cuando tengamos el poder tendremos alegría. **La alegría viene cuando dejamos a un lado nuestro poder y descansamos en el de Dios.** La alegría viene cuando ponemos el énfasis donde corresponde: en la genialidad de Dios, no en la nuestra.[17]

Hay gracia en el proceso. Cooper está aprendiendo esta verdad, al igual que tú y yo.

Mi pequeño no tan pequeño está creciendo a pasos agigantados y necesitaba zapatillas nuevas, así que esta noche fuimos a la tienda deportiva en familia. Él había ganado algo de dinero y podía comprarse las que todos sus amigos querían. Pero eligió unas que eran simples y costaban mucho menos. Estaba emocionado con ellas.

Cuando Zac lo arropó esta noche, de la nada Cooper dijo: "Papá, yo no quería esas zapatillas que tienen todos los niños populares. Siento que Jesús no querría que yo use esas que gritan 'Mírenme, aquí estoy'. También puedo ser genial con estas. No súper genial, pero lo suficiente".

¡Oh!, si tú y yo alineáramos nuestros pensamientos para que nuestras vidas no griten "mírenme" sino para que todo en nosotras declare "¡miren a Jesús!".

Mi oración para mí misma —y también para ti— es que podamos ser dependientes de Dios por completo. Que lo busquemos y lo encontremos y aprendamos de Él y nos inclinemos ante Él, que seamos en este mundo tal como fue Jesús. Que aceptemos cada invitación a ser humildes, poniendo las necesidades ajenas por sobre las nuestras. Que no menospreciemos aquello que nos hará crecer, y recordemos inclinarnos cada vez más.

«Cada cristiano atraviesa virtualmente estas dos etapas en su búsqueda de la humildad», dijo nuestro buen amigo Andrew Murray.

En la primera teme, huye y busca ser salvado por todo lo que puede humillarlo. (…) Ora por humildad, a veces devotamente; pero en lo secreto su corazón ora, si no es en palabras pues en deseo, ser apartado de todas las cosas que lo harán humillarse. (…) Aún no se ha convertido en su gozo y única fuente de placer. Todavía no puede decir: "Con plena alegría me glorío en la debilidad, me deleito en todo lo que me humilla".

¿Pero podemos esperar a alcanzar que en algún momento eso suceda? Sin duda. ¿Y qué nos llevará allí? *Aquello* que llevó a Pablo: *una nueva revelación de Cristo Jesús.*[18]

«Deleitarme en todo lo que me humilla». Guau. ¡Qué meta tan noble! Una manera tan liberada de pensar en nuestras circunstancias y la gente que nos rodea.

"Padre, ayúdame a elegir el placer de la humildad". Ese es un buen comienzo.

NO ES JUSTO.

SIEMPRE ME SENTIRÉ DE ESTE MODO.

EN ESTE PUNTO, SOLO INTENTO SOBREVIVIR.

NUNCA ME RECUPERARÉ POR COMPLETO
DE TODO LO QUE ME HA SUCEDIDO.

NUNCA VOLVERÉ A SER FELIZ.
NO ME MEREZCO ESTO.

SE SUPONÍA QUE MI VIDA NO IBA A SER ASÍ.

QUIERO SUPERARLO, PERO NO PUEDO.

NO CREERÍAS TODO LO QUE HE PASADO.

¿POR QUÉ YO NO TENGO UN RESPIRO?

13

SIN SOLUCIÓN

Elijo ser agradecida

Mi buena amiga Brooke se encontraba frustrada y desilusionada. Tenía un título universitario y creía que tenía que existir algo que encajara mejor con sus capacidades que un trabajo en el que tuviera que estar parada todo el día en un comercio. Sin embargo, seis días a la semana manejaba veinte minutos desde su apartamento hasta la tienda de decoración en la que trabajaba, echando humo todo el camino, por lo lejos que su vida se encontraba de lo que siempre había soñado.

Un día oyó algo que le abrió los ojos al verdadero problema de su vida.

"Recuerdo el día en que comencé a escuchar la Biblia en el auto", me dijo. Tras apenas dos minutos de audio, un versículo la agarró desprevenida.

El texto que se leía era Filipenses 1: «Doy gracias a mi Dios siempre que me acuerdo de vosotros», dijo Pablo, «siempre en todas mis oraciones rogando con gozo por todos vosotros, por vuestra comunión en el evangelio, desde el primer día hasta ahora; estando persuadido de esto, que el que comenzó en vosotros la buena obra, la perfeccionará hasta el día de Jesucristo».[1]

Pablo estaba agradecido, muy agradecido. Estaba agradecido por sus compañeros en la fe, por la diligencia de sus colegas, por su posición en la vida aun cuando se encontraba bajo prisión domiciliaria. El hombre cuidaba sus pensamientos.

Mientras Brooke conducía hacia el trabajo y escuchaba estas palabras en Filipenses, no podía evitar sentirse sobrecogida por el contraste entre Pablo y ella.

A Pablo lo habían encarcelado por predicar el evangelio, y a pesar de esta injusticia, creyó que lo conveniente era dar las gracias. Creyó conveniente seguir orando, seguir ministrando, seguir esforzándose junto a sus compañeros en la fe, por los corazones de esos hombres y mujeres.

¿Qué había creído conveniente Brooke? Pues según ella, *quejarse*.

Pero su mente cambió ese día. "Jennie", me dijo, "vi mi vida de un modo totalmente distinto". Se dio cuenta de que podía elegir cómo iba a tomarse su trabajo. Al entrar en la tienda esa mañana vio a sus compañeros con otra mirada. Decidió forjar relaciones reales con ellos, buscar maneras de servirles e interesarse por ellos. Comenzó a interactuar distinto con los clientes, dejando de verlos como extraños sin nombre y comenzando a verlos como personas reales con historias que quizás precisaban verdadera gracia. Empezó a utilizar el tiempo de sus viajes en auto para orar. Al cabo de un mes de poner en práctica todo esto, Brooke me dijo que ya no despreciaba su trabajo. Que, de hecho, lo *amaba*.

En vez de concentrarse en lo injusto de su situación y sentirse molesta por creer que se merecía algo mejor, algo que usara sus capacidades y educación para un propósito mayor, comenzó a ver el trabajo que la dejaba insatisfecha como una oportunidad para extender el reino.

Dios la había puesto en un lugar estratégico para amar a los demás, y ahora se sentía entusiasmada de ser parte de su plan.

En vez de buscar cosas para quejarse, mi amiga ahora buscaba razones para agradecer. En ese momento no lo sabía, pero estaba haciéndose un favor mucho más grande que asegurarse un camino más placentero de su casa al trabajo y una jornada más satisfactoria. Al escoger ser agradecida, estaba *cambiando la programación de su cerebro*. Le estaba permitiendo a Dios que la transformara, en cuerpo y alma.

TU CEREBRO Y LA GRATITUD

La victimización es otro enemigo más de nuestra mente, nos mantiene enfocadas en algo que no es el Dios del universo, creyendo la mentira de que estamos a la merced de las circunstancias.

Pero podemos elegir. Podemos centrar nuestros pensamientos en la certeza de que, **sin importar lo que venga, la diestra victoriosa de Dios nos sustentará con su diestra de justicia.**[2]

Y eso llevará nuestra mente hacia la gratitud.

Hace unos años, la revista *Psychology Today* [Psicología hoy] hizo referencia a un estudio del Instituto Nacional de la Salud. Este reportaba que las personas que «mostraban mayor gratitud, en general tenían niveles de actividad más altos en el hipotálamo». Si, al igual que yo, pasaste la clase de biología en el ciclo secundario haciendo garabatos, te cuento que el hipotálamo es la parte de tu cerebro que controla las funciones corporales: comer, beber, dormir, todo ese trabajo.[3]

Hacer algo tan sincero como decir "gracias" es como calibrar todo tu mundo interior.

Expresar gratitud hace que las personas experimenten una subida de los niveles de dopamina, el neurotransmisor que hace feliz al cerebro. En resumen, cada vez que alguien expresa gratitud, el cerebro dice: "¡Oh! ¡Hazlo de nuevo!" De ese modo, sentir gratitud lleva a sentir más gratitud, que lleva a sentir más y más gratitud todavía. «Una vez que comienzas a ver cosas por las cuales agradecer, tu cerebro comienza a buscar más cosas para estar agradecido».[4]

Las investigaciones han revelado siete beneficios clave para aquellos que hacen de la gratitud una práctica:

1. «La gratitud abre la puerta a nuevas relaciones». Algo tan simple como decir «gracias» a alguien que conoces hace más probable que esa persona busque una amistad contigo.
2. «La gratitud mejora la salud física». Cuando las personas están agradecidas, se ejercitan más, toman mejores decisiones acerca de su salud y experimentan menos molestias y dolores.
3. «La gratitud mejora la salud psicológica». Reduce las emociones dañinas como la envidia, la frustración y el arrepentimiento.
4. «La gratitud realza la empatía y reduce la agresión». Un estudio descubrió que «las personas agradecidas son más propensas a tener actitudes que favorecen la socialización», lo cual creo que es una manera amable de decir que hay menor probabilidad de que una persona agradecida sea un patán.
5. «Las personas agradecidas duermen mejor», y eso es razón suficiente para que tú y yo seamos agradecidas.
6. «La gratitud mejora la autoestima» y les permite a las personas celebrar genuinamente los logros ajenos en vez de desear ser ellos los protagonistas.
7. «La gratitud aumenta la fortaleza mental», ayudando a disminuir el estrés, superar el trauma e incrementar la resiliencia, aun en los momentos más difíciles.[5]

Solo tengo una pregunta: si la gratitud nos hace tan bien (y lo hace), y Dios nos diseñó de ese modo, ¿por qué es tan difícil ser agradecidos cuando la vida no sale como pensamos que debería?

¿ESTÁS LISTA PARA UN CAMBIO?

¿Te has preguntado alguna vez por qué algunas personas parecen ser más felices que tú, aun si están pasando por circunstancias más difíciles? Quizás hayas tenido la oportunidad de visitar a cristianos en países en vías de desarrollo, creyendo que estabas allí para ministrarles en su necesidad, solo para darte cuenta por medio de sus sonrisas, de su alegría y de su altruismo que, en realidad, tú eras la que tenía necesidad.

Sí, yo también.

Cuando Pablo les escribió esta carta a los filipenses, que constituye la mayor expresión de alegría de la historia, estaba atado con cadenas bajo arresto domiciliario. Pablo comprendió algo que nosotros, desde nuestro rincón de comodidad, casi nunca vemos. Entendió que, porque fuimos hechos nueva creación, tenemos el poder del Espíritu y podemos elegir. Cambiar nuestra mente *es* posible.

No tenemos que entrar en la espiral, porque sabemos que nuestra felicidad está anclada a algo más grande que todo lo que vemos aquí y ahora.

Así que esto nos lleva a una segunda pregunta: ¿en qué estás confiando para hacerte feliz? Ya sean estupefacientes o los elogios de la gente, lo que sea que te genere emociones fuertes de felicidad o desilusión, eso es probablemente a lo que le estás dedicando tu vida. Y es muy probable que eso mismo te esté arruinando.

Si Pablo hubiese solo visto sus circunstancias y su incapacidad de acabar con su encarcelamiento, de seguro se hubiese sentido desanimado. Pero sus circunstancias no definían sus pensamientos. Era el amor de Jesús y la confianza en un Dios bueno, de amor y que estaba en control lo que ocupaba su mente y le daba propósito. Y el mismo poder que levantó a Cristo de los muertos, el mismo Espíritu que fortaleció a Pablo para confiar en las circunstancias más extremas, se encuentra accesible para ti y para mí ahora mismo.

Al cambiar de patrones de pensamiento debilitantes a patrones de pensamiento más útiles, sabios y que honran a Dios, podemos elegir *ser agradecidas*. Podemos ser personas que dan las gracias de manera sincera y consistente, a pesar de las heridas en nuestro pasado o de los problemas que estamos enfrentando en la actualidad.

MENTIRA: Soy víctima de mis circunstancias.

VERDAD: Mis circunstancias son una oportunidad para experimentar la bondad de Dios.

Estad siempre gozosos. Orad sin cesar. Dad gracias en todo, porque esta es la voluntad de Dios para con vosotros en Cristo Jesús.[6]

ELIJO SER AGRADECIDA
SIN IMPORTAR LO QUE VENGA.

Sin duda Pablo hizo esta elección, y la evidencia es el hecho de que expresó gratitud rápidamente por los creyentes de Filipos, a pesar del dolor abrumador que padecía. Si alguien sabía lo que era sufrir, ese era Pablo. En Hechos 9:15-16 Dios le dice a Ananías: «Ve, porque instrumento escogido me es éste, para llevar mi nombre en presencia de los gentiles, y de reyes, y de los hijos de Israel; porque yo le mostraré cuánto le es necesario padecer por mi nombre».

Y Pablo ciertamente lo hizo.

Puedo elegir

EMOCIÓN
AUTOCOMPASIÓN

CONSECUENCIA
ALEGRE

PENSAMIENTO
SOY UNA VÍCTIMA
DE MIS CIRCUNSTANCIAS

RELACIONES
PERDONADORA

CONDUCTA
QUEJA

CONDUCTA
AGRADECIDA

RELACIONES
ACUSADORA

PENSAMIENTO
MIS CIRCUNSTANCIAS SON
UNA OPORTUNIDAD PARA
EXPERIMENTAR A DIOS

ELIJO SER AGRADECIDA

CONSECUENCIA
CONSTANTEMENTE INFELIZ

EMOCIÓN
AUTOCOMPASIÓN

En el libro de Hechos, leemos que Pablo experimentó:

- una amenaza de muerte en Damasco;
- una amenaza de muerte en Jerusalén;
- ser echado de Antioquía;
- la posibilidad de ser apedreado en Iconio;
- ser apedreado y dado por muerto en Listra;
- oposición y controversia;
- la pérdida de Bernabé, su amigo y compañero en el evangelio;
- ser azotado con varas y encarcelado;
- ser expulsado de Filipos;
- ser amenazado de muerte en Tesalónica;
- ser expulsado de Berea;
- ser burlado en Atenas;
- ser capturado por una multitud en Jerusalén;
- ser arrestado y detenido por los romanos;
- ser azotado/fustigado;
- ser encarcelado por más de dos años en Cesarea;
- ser víctima de un naufragio en la isla de Malta;
- una mordedura de serpiente;
- finalmente, ser encarcelado en Roma[7]

Además, otros registros atestiguan que Pablo superó el conflicto, la traición de sus amigos, más acusaciones, azotes, golpizas, apedreos, encarcelamientos, robos y, de nuevo, ser dado por muerto.[8] Si *alguna* de estas cosas me hubiese sucedido a mí en el transcurso de mi vida, todo mi mundo giraría alrededor de eso. Escribiría un libro acerca de cada cosa. Daría charlas. Les contaría a *todos* lo horrible que fue. Me pondría en el papel de víctima, algo que Pablo eligió nunca hacer. En lo que vendría a ser nuestra "cultura de victimización", Pablo se habría quedado al margen.

¿Y de qué nos quejamos? De todas y cada una de las cosas, al parecer.

Déjame decirte que hay un camino mejor: el camino de la gratitud.

Dios se aseguró de incluir en la Biblia un claro llamado a ser agradecidas, porque sabe que solo cuando estemos plantadas en el suelo de la gratitud aprenderemos a crecer y prosperar: «Estad siempre gozosos. Orad sin cesar. Dad gracias en todo, porque esta es la voluntad de Dios para con vosotros en Cristo Jesús».[9]

NO SOMOS ESCLAVAS DE LAS CIRCUNSTANCIAS

¿Ya te he contado acerca de la lucha de mi hija menor contra la dislexia? Cada día veo a Caroline batallar con el aprendizaje, la tarea, los libros y las palabras. Y me rompe el corazón cada vez.

El mes pasado fui a una simulación de dislexia, donde por dos horas experimenté lo que mi niña enfrenta cada minuto de cada día y, créeme, fue agotador.

No solo que a un disléxico se le aparece una palabra con las letras desordenadas y escrita en lo que parece ser una fuente incompleta —*amiga* aparece como *amgia* o *aimga* o *agmia* o *maird*—, sino que, además, esas letras incompletas y desordenadas brincan por la hoja mientras intentas leerlas, haciendo casi imposible descifrar la palabra. Cuando decodificas una de un libro de cincuenta mil palabras te sientes como una estrella. "*¡Amiga!* Dice *amiga*. La palabra es amiga, ¡no *agmia*!"

¡Uf! Solo faltan 49.999.

Volví de esa simulación y fui directamente hacia Caroline. "Eres *increíble* para mí", le dije.

Ella agoniza y lucha y llora, pero nunca se da por vencida. Sí, esa es su batalla fundamental en la vida. Pero *esa batalla no la define*.

Esta es la verdad que Caroline le recuerda a su mamá, diagnosticada con TDA: puedo observar el sufrimiento sin ser sobrepasada por él. Puedo *verlo* sin convertirme en su esclava.

Negarse a ser una esclava de las circunstancias no significa dejar de luchar por lo que es justo. Las Escrituras nos *ordenan* pelear, de hecho, actuando con justicia, clamando por justicia y defendiendo la causa del oprimido.[10] Pero en Cristo podemos pelear no desde un lugar de inseguridad o de ira, sino desde un lugar de reconciliación. De apacible confianza. De paz. De amor. ¿Por qué? Porque tenemos la victoria asegurada. ¡Ya hemos vencido!

Creo que esa es una distinción importante. Tú y yo vivimos en un tiempo en el que las verdaderas injusticias se están denunciando, están saliendo a la luz, y, ocasionalmente, se está logrando justicia, y eso me encanta. A Dios le encanta. Él nos exhorta a sacar el pecado a la luz para que se vuelva impotente en el mundo. Peleando contra el racismo, hablando acerca del abuso físico y sexual, dentro y fuera de la iglesia, abogando por el bienestar de los niños, mujeres, minorías, inmigrantes y niños por nacer. Estas causas son de máxima importancia para Jesús y deben ser de máxima importancia para nosotras también.

Allá afuera hay verdaderos opresores. A veces también hay verdaderos opresores *aquí dentro*, en la iglesia, gente victimizando a los demás por motivos egoístas. Detesto esta realidad, pero no podemos negarla.

Aun así, a pesar de cómo nos hacen sentir estas situaciones, hay mucho que podemos hacer. Para empezar, podemos cambiar el lenguaje utilizado en esta clase de sucesos. Podemos ayudar a aquellos que alguna vez fueron víctimas a ser libres de una vez por todas.

En Hollywood se propuso referirse a aquellos que han sufrido abusos como "sobrevivientes" en vez de "víctimas", y pienso que ese es un cambio importante. Definirnos a nosotras mismas por la maldad que hizo el otro es retratarnos como débiles e indefensas.

ELIJO LA GRATITUD

Entregar nuestro poder y alegría en manos de nuestros victimarios solo ayuda a atarnos a la situación.

Sí, es tentador hacer del dolor nuestro hogar, definirnos por las experiencias feas que hemos soportado. Pero si algo estoy aprendiendo de mi familia y amigos, es que hay un camino mucho mejor.

Anoche mi amiga Tara se puso de pie en medio de la iglesia y habló de muchas declaraciones racistas que las personas le han dicho en la cara a lo largo de su vida, de los ataques físicos que sufrió abiertamente y del dolor que sintió año tras año. Algunos de estos comportamientos injustificables ocurrieron en una iglesia a la que Tara asistía antes, lo que hizo que comenzara a ir a nuestra iglesia local. "Pero tomé una decisión", dijo con mucha valentía. "Elijo confiar otra vez".

Prosiguió contando la historia de cómo se unió a nuestra iglesia y terminó organizando una serie de charlas de reconciliación racial que convoca a mujeres de diversas etnias para discutir cómo unirnos realmente y ser mejores.

Cuando veo el impacto de Tara en nuestra congregación, pienso: *¿cómo alguien que ha sufrido tanto daño puede mirar a los que la hirieron a los ojos y decir: "Quiero construir un puente hacia ti; quiero intentarlo de nuevo"?*

Tara me respondería con una sola palabra: *Jesús*.

El camino de Jesús lo cambia todo. En Él podemos reconocer nuestra frustración, dolor y sufrimiento sin renunciar a nuestra paz y alegría. **En Jesús podemos cambiar desde *dónde* luchamos sin cambiar el motivo *por el cual* luchamos.** Por su poder podemos demostrarnos a nosotras mismas que, sin importar lo desalentadora que parezca la situación, Dios se dedica a redimir *todas* las cosas. Gracias a la gratitud, podemos ver el propósito de Dios en nuestro dolor.

Tara entiende que, aunque la batalla que está peleando es real, ella se aseguró la victoria final. Y desde ese lugar de confianza y agradecimiento puede tender lazos, puede confiar, puede amar.

BUSCAR EL PROPÓSITO DE DIOS EN EL DOLOR

De nuevo, podemos reconocer nuestro sufrimiento sin renunciar a nuestro gozo. Podemos luchar por la justicia desde un lugar de paz. Estamos seguras en nuestra identidad en Jesús, porque nuestra identidad no es la causa. Y también esto: cuando damos el paso valiente desde la victimización a la gratitud, afirmamos nuestro entendimiento de que *Dios se compromete a redimir todas las cosas.*

Pablo dijo a los filipenses que estaba seguro de que todas las cosas que le habían sucedido tenían un propósito específico. Ese propósito, podrás adivinar, era difundir el evangelio, las buenas nuevas de amor y gracia de Dios.

> Quiero que sepáis, hermanos, que las cosas que me han sucedido, han redundado más bien para el progreso del evangelio, de tal manera que mis prisiones se han hecho patentes en Cristo en todo el pretorio, y a todos los demás. Y la mayoría de los hermanos, cobrando ánimo en el Señor con mis prisiones, se atreven mucho más a hablar la palabra sin temor (...)
>
> ¿Qué, pues? Que no obstante, de todas maneras, o por pretexto o por verdad, Cristo es anunciado; y en esto me gozo, y me gozaré aún. Porque sé que por vuestra oración y la suministración del Espíritu de Jesucristo, esto resultará en mi liberación, conforme a mi anhelo y esperanza de que en nada seré avergonzado; antes bien con toda confianza, como siempre, ahora también será magnificado Cristo en mi cuerpo, o por vida o por muerte. Porque para mí el vivir es Cristo, y el morir es ganancia.[11]

Escogiendo la gratitud antes que la victimización, Pablo se concentró en el propósito que tenía Dios para su dolor. Pudo enfocarse en el impacto de su encarcelamiento, que implicó que uno de los guardias del palacio conociera a Cristo. Pablo pudo ver que Dios siempre se está moviendo, en su vida o a través de su muerte, tanto en su paz como en su sufrimiento. El ministerio del evangelio en su vida no estaba acabado; de hecho, recién comenzaba.

Pero para ver los propósitos de Dios, debemos enfocar nuestra mirada más allá de las situaciones inmediatas. Debemos recordar que, aun en ese momento, hay otra opción: podemos elegir alabar a Dios y honrarlo desde donde estamos, confiando en que servimos a un Dios que es tanto trascendente como inmanente (un modo sofisticado de decir que sus caminos sobrepasan nuestro entendimiento[12]) y que, sin embargo, escoge estar cerca nuestro, aun en los tiempos más difíciles, cuando no podemos ver cómo podría sacar algo bueno de las circunstancias.

Como dije antes, en los últimos cinco años los planes de Dios para mí incluyeron que una de mis amigas más queridas sufriera un extenuante divorcio y una serie de apoplejías; que la vida idílica de mi hermana más pequeña se volviera patas para arriba; que mi hijo mayor se fuera a la universidad; el desarraigo y traslado de toda nuestra familia parcialmente en contra de nuestra voluntad; unos dieciocho meses de desilusión tan intensa que creía estar perdiendo mi fe y mi cabeza. Concuerdo totalmente en que los planes de Dios son planes de bien. Pero tal vez solo lo crea cuando miro hacia atrás.

Ahora bien, en el momento, al llegar la noticia de la apoplejía, al tomar la decisión de mudarnos, al sentir las dudas que amenazan con liquidarme, ¿allí también elijo agradecer los planes de Dios?

Quiero contarte acerca de dos personas que han personificado esta elección de la gratitud en lugar de la victimización. Dee era un capitán de la marina de Estados Unidos a quien le organizaron una cita a ciegas. El nombre de la mujer era Roddy y los dos se llevaron de maravillas. Dee y Roddy fueron mejores amigos y compañeros de equipo por cuarenta y ocho años de matrimonio.

Me encontré con Roddy tres meses después de que Dee falleciera de esclerosis lateral amiotrófica (ELA). Gentilmente me dejó entrevistarla en un evento ministerial de mujeres, y fue una conversación que recuerdo hasta el día de hoy. "Una mañana mientras desayunábamos, noté que Dee balbuceaba al intentar hablar", explicaba Roddy a trescientas mujeres sentadas frente a ella. "Sabía que algo andaba mal".

Al cabo de doce meses, un hombre que solía ser expresivo y animado, seguro y activo, yacía en su casa inmóvil, sin habla y terriblemente delgado sentado en una silla de ruedas.

—Para él "hablar" involucraba la labor de golpetear letras con una lapicera sostenida con dos dedos, una tecla a la vez. Recostarse en la cama era una hazaña imposible. ¿Vestirse solo? Eso también quedaba fuera de las posibilidades. ¿Estaba contento con esto? —dijo Roddy—. La respuesta es *no*.

La esclerosis lateral amiotrófica es una enfermedad del sistema nervioso que debilita los músculos progresivamente hasta acabar con toda la fuerza física de la persona. Es extremadamente rara y es incurable. La expectativa de vida desde el diagnóstico está entre unos escasos dos a cinco años. "Vivió por dos años y medio desde que nos enteramos de que tenía ALS", dijo Roddy. "Y luego partió".

Le pregunté si ella había estado enojada con Dios en algún momento, dada la tragedia que atravesó. El concepto le sonó tan extraño que parecía ofendida de que siquiera le pregunte. "¿Enojada con Dios? Sabes, nunca nos preguntamos '¿por qué?'. En tal caso, nos preguntamos '¿por qué *no*?'".

Roddy dijo que su fe en Jesús les aseguraba que Dios usaría hasta la enfermedad y la eventual muerte de Dee para bien. Y Dios la usó para bien, y lo sigue haciendo.

Para cuando diagnosticaron a Dee, ellos habían estado sirviendo en el ministerio de matrimonios de nuestra iglesia por diez años. Aun luego de ser confinado a una silla de ruedas e incapaz de vocalizar sus pensamientos, él se aparecía en reuniones y eventos del ministerio, determinado a seguir compartiendo su fe, tecleando las letras en su simulador de voz-a-texto: *Tap, tap, tap.* "Cristo vino al mundo". *Tap, tap, tap.* "Murió por nuestros pecados". *Tap, tap, tap.* "Resucitó". *Tap, tap, tap.* "Y está sentado a la diestra del Padre". *Tap, tap, tap.* "Mientras yo respire" —*tap, tap, tap*— "contaré las buenas nuevas".

Observé a Roddy mientras le hablaba a nuestro grupo esa noche, admirando su templanza y su franqueza, y noté que parte del bien que trajo Dios a raíz de esa situación nos incluía a nosotras, sentadas allí esa noche. Difícilmente quedaba en la sala un par de ojos sin lágrimas, mientras las mujeres asimilaban el peso de la historia de Roddy.

—Todavía no termino de aceptar que Dee se fue para no volver nunca más —dijo—. Pero si algo sé es esto: su muerte no fue un final sino una prórroga. Y estoy determinada a quedarme aquí a averiguar de qué se trata esa prórroga.

LOS OBSEQUIOS QUE NO PEDIMOS

C. S. Lewis escribió: «Mi argumento contra Dios era que el universo parecía tan cruel e injusto. Pero ¿cómo había obtenido esta idea de justo e injusto? Un hombre no dice que una línea está torcida, a menos que tenga una idea de lo que es una línea derecha. ¿Con qué estaba comparando yo a este universo cuando lo llamaba injusto?».[13]

Tal vez sea mera coincidencia, pero hay algo que he observado: las personas más agradecidas que he conocido son aquellas que más han sufrido. Ahora bien, no estoy recomendando ir a buscar el sufrimiento para escalar a la cima del listado de gente agradecida. Pero sí estoy diciéndote que pensemos con cuidado cómo respondemos a nuestros trabajos mundanos y aburridos, o a los momentos más oscuros de nuestra vida. **No debemos estar a gusto con las circunstancias, pero podemos elegir buscar los regalos inesperados que ellas pueden traer.** Cuando Zac estaba en lo profundo de su depresión, recuerdo no haber estado a gusto con los planes de Dios.

Cuando me senté con mi hermana, y estuve muda frente a ella porque sabía que nada de lo que podía decir aliviaría su dolor, recuerdo no haber estado a gusto con los planes de Dios.

Cuando Caroline lloró la última noche de las vacaciones porque no podía reunir la suficiente energía para ir a la escuela al día siguiente y lidiar con la dislexia, recuerdo no haber estado a gusto con los planes de Dios.

Cuando mi querida amiga Hannah se sintió aplastada por tanta carencia en su vida —carencia de novio, carencia de un mentor, carencia de un grupo de amigas, carencia de un carro fiable— no estuve para nada a gusto con los planes de Dios.

Cuando las personas que queremos han luchado con matrimonios rotos y promesas rotas, con diagnósticos y desesperanza, con despidos en el trabajo y letargo en la maternidad, con el envejecimiento de los padres y con preadolescentes angustiados, los planes de Dios no se han sentido muy bondadosos. Es en esos momentos que la vida es, en el mejor de los casos, cruel.

Y, sin embargo…

¿Acaso Zac y yo no conocimos a Dios con más intimidad *gracias* a nuestras dificultades?

¿No forjó Katie su nueva capacidad para creer en Dios, de rodillas, en aquellos días tan oscuros?

¿No aprendió Caroline a permitir que la gente la ayude, porque sin ayuda no puede lograrlo?

¿Acaso las bendiciones que ha recibido Hannah durante este año no fueron más dulces que si ella no hubiese sentido aquella carencia? ¿No miramos tú y yo al pasado y notamos que los momentos más difíciles han traído el crecimiento más profundo?

«Nos regocijamos en nuestros sufrimientos», dijo Pablo, «porque sabemos que el sufrimiento produce perseverancia; la perseverancia, entereza de carácter; la entereza de carácter, esperanza. Y esta esperanza no nos defrauda, porque Dios ha derramado su amor en nuestro corazón por el Espíritu Santo que nos ha dado».[14]

Perseverancia, entereza de carácter y esperanza dada por el Espíritu Santo; estas son las huellas de aquellos que escogen la gratitud.

Hace poco fui con unas amigas a trabajar con cerámica en una noche de chicas. Como sigo a muchos ceramistas en Instagram, pensé que yo también sería una ceramista increíble. Sorpresivamente —bueno, para mí— no lo era. Había imaginado crear una deslumbrante vasija bohemia pintada a mano, pero salí de allí con un tazón deforme color lodo.

Le conté a una amiga ceramista acerca de mi desilusión y le pregunté por qué rayos le gusta tanto la cerámica cuando puede producir un resultado tan desolador. "¡De eso se trata!", dijo. "Trabajas muy duro y luego pones la pieza en el horno, y no tienes ni idea de cómo va a resultar. Luego abres el horno y contienes la respiración, preguntándote si se habrá roto en mil pedazos o si será la obra más linda que jamás hayas visto".

Realmente esas son las opciones, ¿no es cierto? No solo en cuanto a la cerámica sino también para nosotras. Cuando inevitablemente caminemos por el fuego, ¿saldremos fortalecidas o en mil pedazos?

Padre celestial, ayúdanos a escoger sabiamente. Que nos encontramos de pie entre las llamas, adorándote.

NO TENGO NADA
PARA OFRECER.

ME MEREZCO UN
DESCANSO.

QUE LO HAGA OTRO.

¿CUÁNDO VOY A
RECIBIR AYUDA?

NO ENCAJO EN
NINGUNA PARTE.

14

CORRE TU CARRERA

Elijo buscar el bien de los demás

Zac se encuentra fuera de la ciudad y esta mañana, en el revuelo de preparar a los chicos para la escuela, fue mi turno de entrar en pánico. Cooper se dirigió a la puerta con su mochila, listo para la escuela... ¡en calcetines! Iba a caminar hasta el auto, y asumo, entrar a la escuela sin zapatos.

Ya estábamos retrasados y los hermanos mayores estaban estresados. Tiene varios pares de zapatos, eso sí, pero no encontraba los que quería usar, lo que estaba generando que todos llegáramos tarde.

Pensé: *Cooper, nos estás demorando. Es tu culpa que todos tus hermanos estén llegando tarde.*

Pensé: *Es egoísta hacer que todos lleguen tarde porque no te gustan los zapatos que tienes a mano.*

Pensé: *¿Justo ahora, que papá no está, decides hacerme esta escena?*

Y mientras entraba en esta espiral de emociones, abrí mi boca y salió lo impensado.

—Si no entras al auto en treinta segundos con los zapatos puestos NO RECIBIRÁS REGALOS EN NAVIDAD —sentencié.

¡Uf!

¿Qué había dicho?

Esta declaración fue errada por varias razones. Primero, sabía que aun si Cooper decidía usar los zapatos que no le gustaban, no llegaría a ponérselos, tomar sus cosas y entrar al auto en medio minuto.

Segundo, y en verdad lo peor, le había hecho una amenaza absurda a un niño que amo, ¡una amenaza que nunca cumpliría!

¿Qué? ¿Iba a comprar regalos para los otros tres niños y dejarlo a él sin nada?

Finalmente, Cooper entró al auto con algo en los pies, y los llevé a todos a la escuela. Luego de que bajaran sus hermanos, mi pobre niño se disculpó por el caos que había desatado y dijo: "Ma, ¿entonces lo del carbón en el calcetín es cierto?"

¡Uf!

Al practicar todo lo que venimos hablando en los capítulos anteriores, he comenzado a controlar mis pensamientos y cambiar mis emociones y comportamiento. Como demuestra la implosión de esa mañana, todavía no me sale a la perfección. Pero he tenido muchos avances.

Y nos dirigimos a un nivel que requiere un paso más. Queremos con desesperación ser libres del caos de nuestra mente, ¿pero ser libres para hacer qué?

La idea que nuestra cultura tiene acerca de la libertad es que seamos libres para hacer lo que queramos. La ironía es que cuando pasamos un tiempo haciendo lo que queremos, resulta que ese tiempo termina siendo el que nos trae menor contentamiento. **No fuimos creadas para vivir para nosotras mismas.**

Pienso en los dieciocho meses de duda que me tuvieron cautiva y en cómo mi espíritu naturalmente entusiasta fue sobrepasado por la autocomplacencia. Mi duda espiritual y desilusión arrebataron mi energía y deseo de servir. Sin la predisposición por servir, me predispongo a ver demasiado Netflix, demasiadas redes sociales, demasiado azúcar, demasiada aflicción; enjuague, repita.

Y como el diablo es sutil, mis deseos por estas cosas siguieron incrementándose y mi pasión ferviente por las almas y las cosas de Dios se fue debilitando. Ni siquiera quería ir al supermercado, mucho menos llevar el mensaje de gracia de Jesucristo a las naciones.

Lo que experimenté en ese tiempo no es la forma como debemos vivir la vida. Tú y yo fuimos creadas para ser participantes activas y con un propósito en la eternidad de Dios. La autocomplacencia reescribe ese guion por completo.

LA SEDUCCIÓN DE LA AUTOCOMPLACENCIA

Autocomplacencia es encontrarse cómodas en la mediocridad, en aceptar las cosas como son, es aferrarse al *estatus quo*. Tendemos a desconectarnos, a estar en Babia, como anestesiadas. Si nuestro objetivo más grande en la vida es meramente no agitar las aguas, ¿por qué *no* comer la pizza entera, tomarse toda la botella de vino, terminarse el cuarto de kilo de helado, jugar al Candy Crush por tres horas seguidas o quedarse en la cama todo el día?

Las preguntas que guían nuestros días ya no son *cómo me usará Dios hoy* o *cómo puedo hablarle de Jesús a alguien*, sino que nos enfocamos en...

¿Qué quiero?

¿Qué necesito?

¿Cómo obtendré lo que quiero y necesito?

¿Qué tengo ganas de hacer?

¿Qué me hará más feliz?

¿Qué me hará sentir más cómoda?

¿Qué me hará lucir bien?

¿Qué me hará parecer inteligente?

¿Qué me protegerá de ser lastimada o evitará que me echen la culpa?

¿Qué me hará sentir contenta?

Esa es la pregunta a la que se reducen todas las demás.

Imagino que pocas cosas satisfacen tanto al diablo como nuestros caminos de comodidad. No somos ninguna amenaza para él cuando lo único que nos preocupa son las cosas de este mundo. Como observó el teólogo y profesor emérito D. A. Carson:

Las personas no se dejan llevar por la santidad. Fuera de un esfuerzo impulsado por la gracia, la gente no es atraída por la devoción, la oración, la obediencia a las Escrituras, la fe y el deleite en el Señor. Comprometemos nuestros principios y lo llamamos tolerancia; nos dejamos llevar por la desobediencia y lo llamamos libertad; nos entregamos a la superstición y lo llamamos fe. Estimamos la indisciplina de perder el control y lo llamamos relajación; a rastras nos dirigimos hacia la falta de oración y nos engañamos haciéndonos pensar que hemos escapado del legalismo; nos deslizamos lejos de Dios y nos convencemos de que hemos sido liberados.[1]

El apóstol Pablo nos da el arma de la verdad que nos hace libres de las cadenas aterciopeladas de la autocomplacencia: «Poned la mira en las cosas de arriba, no en las de la tierra».[2] ¿Por qué? Porque tal como aquellos que fueron sepultados en Cristo y resucitados en fe, ya hemos muerto a las cosas de este mundo. Nuestra verdadera vida está aferrada a Jesús.

Mi esposo siempre dice que la definición de *liderazgo* es "tomar la iniciativa por el bien de otros". Cuando rechazamos la pasividad y nos inclinamos a las necesidades que nos rodean, notamos nuestra mente puesta en las cosas de Dios. Dios nunca es pasivo. Él siempre está trabajando por nuestro bien y por su gloria.

MENTIRA: Yo hago lo que quiero.

VERDAD: Dios me ha hecho libre para servir a los demás, no para consentirme a mí misma.

Les hablo así, hermanos, porque ustedes han sido llamados a ser libres; pero no se valgan de esa libertad para dar rienda suelta a sus pasiones. Más bien sírvanse unos a otros con amor.[3]

ELIJO BUSCAR EL BIEN DE LOS DEMÁS POR SOBRE MI PROPIA COMODIDAD.

EL LLAMADO A LA ACCIÓN

Pienso en Jesús usando la parábola para decirles a sus discípulos y, por extensión, a nosotros: «Manténganse listos, con la ropa bien ajustada y la luz encendida. Pórtense como siervos que esperan a que regrese su señor de un banquete de bodas, para abrirle la puerta tan pronto como él llegue y toque».[4]

¡Manténganse listos!

¡Con la luz encendida!

¡Esperen a que regrese su señor!

Supongo que es un tipo de espera diferente del que tú y yo normalmente hacemos al esperar que la pizza llegue pronto.

Prosiguió (y aquí viene mi punto): «*Dichosos los siervos* a quienes su señor encuentre pendientes de su llegada. Créanme que se ajustará la ropa, hará que los siervos se sienten a la mesa, y él mismo se pondrá a servirles».[5]

Esta es la razón por la cual el axioma de Jesús es cierto, que «más bienaventurado es dar que recibir».[6] Cuando somos fieles en buscar oportunidades para servir, cuando vivimos la vida

Podemos elegir

EMOCIÓN
ESTRÉS

PENSAMIENTO
PUEDO HACER
LO QUE YO QUIERA

CONDUCTA
CÓMODA Y
AUTOCOMPLACIENTE

RELACIONES
SERVIRME A MÍ MISMA

CONSECUENCIA
ABURRIDA

CONSECUENCIA
EFECTIVA

RELACIONES
GENEROSA Y CARIÑOSA

CONDUCTA
BUSCO AYUDAR
A LOS DEMÁS

PENSAMIENTO
DIOS ME HA HECHO LIBRE
PARA BUSCAR EL BIEN DE
LOS DEMÁS POR SOBRE MI
PROPIA COMODIDAD

ELIJO BUSCAR EL BIEN
DE LOS DEMÁS

EMOCIÓN
ESTRÉS

preparadas para el llamado del Maestro, al fin y al cabo, somos nosotras quienes son servidas. Nuestro Maestro se ocupará de todas *nuestras* necesidades.

¿Por qué es importante que elijamos el servicio en vez de la autocomplacencia? ¿Cómo es que tomar la iniciativa por el bien de los demás nos ayudará a cambiar nuestros pensamientos negativos? ¿Qué hay preparado para la persona que sirve de manera constante? ¿Deberíamos prestar atención a nuestros problemas o hacer de cuenta que no existen? ¿Qué sucede si estamos cansadas? ¿Qué si nos sentimos agobiadas? ¿Qué si no sentimos *ganas* de hacer el bien? ¿Lo fingimos hasta lograrlo o hay un camino más genuino?

Como seguidoras de Cristo, debemos respondernos estas preguntas, porque lo que creemos acerca del trabajo puede ser contrario al plan creativo y de bien que tiene Dios para nosotras.

DIOS AMA EL TRABAJO

Una razón importante para que, si amamos a Dios, escojamos el servicio en vez de la autocomplacencia, es que Él valora mucho nuestro trabajo. Dios *ama* el trabajo, tal como lo evidencian sus acciones en el principio del tiempo. Como vimos en el capítulo acerca de combatir el cinismo, está claro que Dios se complacía en sus tareas creativas y consideraba el trabajo como un regalo. Con rotunda extravagancia creó el pavo real, la jirafa, el ornitorrinco y otros más. Trabajó, y su trabajo se alimentaba del más puro deleite.

¿Adivina qué? En Él, nuestro trabajo también puede ser un deleite. Hemos sido nombradas administradoras del trabajo que Dios nos ha dado. Como administradoras, Él es nuestro amado Maestro a quien honramos y en quien confiamos. Y trabajamos solo por su gloria, por la de nadie más.[7]

Nuestra intuición nos dice que esto es cierto. Quiero decir, admítelo: puede que te guste darte un atracón de papas fritas y salsa mientras miras las redes sociales por una hora o dos (¿o tres?), ¿pero en *algún* momento no te pones ansiosa e impaciente como yo? ¿No comienza tu alma a anhelar algo más?

¿Sabes lo que nos dice nuestra alma? Dice: *¡Esto no es suficiente para mí!*

Claro que no es suficiente para ti, porque mientras te enfoques en ti misma nunca será suficiente. El hecho es que, **nuestro cerebro está programado para crecer cuando servimos a los demás.** Aunque en el subconsciente buscamos ser servidas y que suplan nuestras necesidades, hay estudios que prueban que a nuestro cerebro le va mejor cuando estamos del lado de dar más que el de recibir.

Servir a los demás reduce la actividad en las áreas de nuestro cerebro vinculadas con el estrés y el peligro.[8]

Las personas que viven con un propósito duermen mejor y viven más tiempo.[9]

Servir a los demás enciende una región de nuestro cerebro que es parte de su sistema de recompensa,[10] que nos ayuda a reconocer y perseguir cosas que nos traigan placer como una buena comida, una charla alentadora con una amiga o el abrazo de un familiar en quien confiamos.

Tú y yo fuimos diseñadas para jugar un papel en la historia eterna de Dios y experimentar un profundo propósito, no para matar el tiempo comiendo *snacks* y haciendo *zapping*. Queremos más que eso y esta es la explicación: Dios nos hizo para anhelar mucho más.

RÍNDETE Y OBEDECE

Es difícil leer la Biblia y no ver claramente lo que Dios espera de aquellos que dicen que lo aman, de aquellos que le dicen: "Quiero hacer tu voluntad en mi vida".

¿Quieres saber la voluntad de Dios para tu vida? Te la daré en tres palabras:

Ríndete.
Y obedece.

¡Eso es todo! Se han escrito tantos libros acerca de encontrar la voluntad de Dios y, sin embargo —*bum*— aquí está, totalmente visible: «Y decía a todos: Si alguno quiere venir en pos de mí, niéguese a sí mismo, tome su cruz cada día, y sígame».[11]

En nuestra economía humana de mente pequeña, pensamos que la libertad significa ir por nuestro camino. Por el contrario, la libertad se encuentra en *rendir nuestra vida* al servicio de Cristo, aquel que nos creó, que nos conoce y que nos dio la bienvenida a una amistad con Él. Es en este estado de entrega total que el anhelo de obedecer se despierta en nosotras.

Piénsalo: la obediencia a Dios sin entrega total es un ejercicio que se limita a seguir las reglas de manera mecánica. Rendirse a Dios sin obediencia equivale a una fe sin obras, que como dice Santiago 2:17, es una *fe muerta*.

Para vivir la abundancia que nos promete Juan 10:10, debemos tener la misma cantidad de ambos ingredientes: entrega y obediencia, obediencia y entrega.

Voy donde Dios dice que vaya.

Me quedo donde Dios dice que me quede.

Me inclino cuando Dios susurra mi nombre.

Sirvo cuando Dios me pide que sirva.

Verás, tendemos a embellecer el ministerio de Jesús en la tierra como si cada momento de su existencia aquí hubiese sido coronado con entusiasmo y estímulo. Sí, definitivamente hubo momentos que resaltaron en esos tres años. Se me viene a la mente la escena de los panes y los peces.

A veces nuestro servicio es reconocido. En ocasiones es más público y la gente nos elogiará por él, como en el caso de muchos de los milagros y sanidades de Jesús.

Pero otras veces nuestro servicio pasa desapercibido. Sale a la luz en una conversación comprensiva o en una comida íntima. Jesús pasó buena parte de su vida sentado con un pequeño grupo en una habitación pequeña compartiendo una comida simple, hablando acerca del perdón y de la gracia, y atendiendo a los heridos y sirviendo a los pobres.

Nada ostentoso.

Nada "gustable".

Nada que pueda aparecer en la portada de una revista.

Solo una vida normal con Aquel que continuamente se inclinaba para suplir las necesidades de la gente.

Por eso nosotras limpiamos la mesa luego de que nos sirven el desayuno, hablamos bien de alguien que está siendo criticado, escribimos pequeñas notas de agradecimiento, llenamos hojas de cálculos, nos paramos frente a las injusticias, hacemos café, nos disculpamos por lo que dijimos, mandamos correos electrónicos, abrazamos a una hija adolescente en llanto, cambiamos pañales, contactamos con un cliente y le enseñamos a un niño en edad preescolar a atarse los cordones. Hacemos todo eso y un billón de cosas más porque Dios nos dio el pie para hacerlo.

Y mientras llenamos la hoja de cálculo para la gloria de Dios, mientras limpiamos la mesa en servicio a Dios y a la gente, no tenemos tanto tiempo para nosotras.

Es el acto de entregarse.

Es la elección de obedecer.

Es el gozo de olvidarnos de nosotras mismas.

Tenemos que volvernos expertas en olvidarnos de nosotras mismas.

ELIJO SER INTENCIONAL

Pero es difícil olvidar las cosas grandes, especialmente si se trata de nosotras.

Entonces debemos desplazar nuestra mirada. Verás, hay un plan mayor de servicio en nuestra vida, y eso es todo. Interrumpes la espiral de la autocomplacencia si quitas la mirada de ti misma, fijas tus ojos en Jesús y corres la carrera que te fue puesta por delante.

¿Qué carrera estás corriendo? ¿Acaso estás en la pista? ¿Estás parada sin moverte? ¿Estás mirando tus pies? ¿Dónde estás en esto?

Déjame acercarme y decirte que cuando comienzas a arriesgarte por el reino de Dios y a correr con todas tus fuerzas, Satanás hace todo lo que esté a su alcance para desalentarte. El diablo se complace en distraernos de nuestra adoración, de nuestra carrera, porque sabe que vivir nuestro propósito es un resultado directo de nuestro amor por Dios, nuestro más profundo enfoque en Él. Cuando miras hacia Dios, te conmueve tanto su amor, su gracia, te conmueve tanto lo que hizo por nosotros, que no te puede contener.

Por eso vas y te entregas a Él. Así es como se supone que debemos vivir.

SERVIR CON DETERMINACIÓN

Hebreos dice: «Despojémonos de todo peso y del pecado que nos asedia, y corramos con paciencia la carrera que tenemos por delante, puestos los ojos en Jesús, el autor y consumador de la fe».[12]

Solía pensar que los tres elementos clave en este pasaje eran una secuencia lineal: haces uno, luego el otro, luego el otro. Pensaba que (primero) debía despojarme de las manchas del pecado —mis pensamientos negativos, mis actitudes dañinas, mis caminos egoístas— para que (segundo) pudiera correr mi carrera y, así, por último (tercero) podría ver a Jesús, que de seguro estaría complacido de que haya hecho las primeras dos cosas.

Pero Jesús no funciona así, eso fue lo que me hizo ver que había malinterpretado los versículos.

Tal vez recuerdes que, según Romanos 5:8, fue «siendo aún pecadores» que «Cristo murió por nosotros». Todos sabemos que, si esperamos a que cada pecado que nos acecha sea puesto a un lado, ¡nunca iniciaremos la carrera! Somos «transformados a su semejanza con más y más gloria»,[13] no todo de golpe. Significa que ni siquiera podemos despojarnos del pecado antes de correr la carrera.

¿Qué pasaría si todo esto sucede en simultáneo? Eso cambiaría la importancia del propósito en nuestra vida. ¿Qué si fuimos hechas para correr, y al hacerlo, ponemos nuestros ojos en Jesús porque debemos —¡necesitamos de Él!—, y nuestro pecado y distracción desaparecen? Jesús no murió tan solo para evitar el pecado. Si nos estamos moviendo, fallando, hallando perdón y nos seguimos moviendo, todo con los ojos puestos en Cristo, querremos desesperadamente confesar nuestro pecado y lidiar con él, porque si no lo hacemos, estaremos impidiendo la misión de nuestras vidas.

¿Puedes ver el cambio radical que significa esto? Al correr —al servir a los demás— nuestro pecado y distracción pierden poder sobre nosotras, lo cual facilita tener nuestra mirada puesta en Cristo.

Déjame explicarlo de este modo: si me pones a dieta y me dices que por treinta días no puedo comer una hamburguesa, ¿adivina en qué voy a pensar por los próximos treinta días?

¡En hamburguesas!

Ni siquiera me gustan tanto las hamburguesas. Digo, son sabrosas, pero no es que normalmente pienso en ellas todo el día.

Pero prívame de una hamburguesa y *eso es lo que voy a querer.*

Bienvenida a la mente humana.

Si intentamos evitar el pecado recordando día tras día que *no debemos* mentir, *no debemos* engañar, *no debemos* robar, *no debemos* tomar esa tercera copa de vino, *no debemos* esconder esa bolsa de compras de nuestro esposo, *no debemos* "maquillar" ese reporte en el trabajo, o *no debemos* servirnos esa segunda porción de tarta de queso luego de que todos se hayan ido a dormir, ¿adivina en qué nos enfocaremos?

Es mejor enfocarnos en lo que nos empuja hacia delante que intentar enfocarnos en lo que no nos empujará hacia atrás.

Tan solo ese pensamiento —*elijo servir a los demás*— nos lleva a correr riesgos en nombre de Dios, lo que nos hace quitar nuestra mirada de nosotras mismas y ver las necesidades de los otros para variar, y eso mismo nos lleva a depender más y más de la fuerza divina de nuestro Padre, lo que nos lleva a un deseo más profundo de adorarle. Estos momentos de adoración sin medidas nos motivan a anhelar mayores aventuras espirituales, lo que nos hace estar dispuestas a correr otro riesgo más.

Ese riesgo nos llevará a más servicio, más entrega, etc., etc.

Esa sí es la espiral que yo quiero.

Pero no comienza hasta que decidimos correr.

Hasta que decidimos servir.

Hasta que decidimos dejar de priorizar la comodidad personal y en cambio ayudar al prójimo con su necesidad.

Cuando servimos, todo cambia. Cambia para bien y cambia *con rapidez*.

Creo que esa determinación viene cuando nos arriesgamos por Dios, cuando salimos de nuestra zona de confort y nos dirigimos a lo que Él nos ha llamado a hacer. Correr la carrera que nos puso por delante. Necesitamos de Dios y no tenemos tiempo para nuestro pecado, nuestro bagaje y nuestras cargas, porque estamos dando todo para obedecer a nuestro Dios y llevar adelante el trabajo importante que puede parecer insignificante en cualquier momento.

Los entrenadores de fútbol de mi esposo solían decirle: "Puedes cometer errores. Los errores se arreglan. Pero debes poner un 110 % de ti en esto. Nada bueno sucede sin esfuerzo".

Amiga, tú y yo necesitamos ser mujeres determinadas a rechazar la autocomplacencia y a querer a Dios más que a nada en este mundo. Tal entrega nos libera de la preocupación de cometer errores o de no lucir como los demás.

La primera carta de los Corintios es muy clara acerca de esto. Si eres un codo y no estás siendo un codo en la iglesia, el cuerpo no se encuentra bien. ¡Eso debería molestarte! De algún modo eso debería volverte loca, porque deberías preguntarte si estás haciendo que todo el cuerpo de Cristo esté enfermo.

Eso es lo que yo tenía que enfrentar cuando la duda me acechaba y me hacía pensar que quizás perdía el tiempo en mi ministerio. Todo esto no se trataba de mí. Mi trabajo era obedecer a Dios y el suyo era cambiar vidas.

Quizás eres una de las pocas que ya viven de este modo.

Quizás estés corriendo tu carrera y nadie te alienta, pero no te fijas en eso porque tus ojos están puestos en Jesús y hay gente que te necesita.

Pero es más probable que te encuentres frenada en tu carrera. Pensamos que somos insuficientes, por eso nos damos por vencidas y vivimos vidas de autocomplacencia. Nadie nos dio permiso, así que no hacemos las cosas que Dios nos llamó a hacer. Echamos de menos ser parte de la historia mayor.

¿Te imaginas lo ineficaz que parecía el ministerio de Jesús, exceptuando aquellos momentos en los que hacía milagros? La mayoría del tiempo estaba comiendo con pecadores, contando historias que parecían no tener sentido y reprendiendo a los religiosos en lugares de influencia. Luego lo mataron, ¡lo cual desde afuera parece un fracaso en su ministerio! Pero Dios tenía planes, y Jesús conocía su propósito. Por eso no reparaba en cómo se veía su ministerio ante los demás, y nosotras tampoco deberíamos preocuparnos por eso. ¿Quién soy yo para juzgar lo que Dios está haciendo? ¿Quién soy yo para juzgar si lo que estoy haciendo es efectivo para el reino de Dios?

Hablamos de un cambio de vida sobrenatural y eterno. ¿Quiénes somos para juzgar si nuestra contribución al reino es significativa? ¿Qué pasaría si comenzáramos a decir: "¡Dios, hoy voy a hacer lo que tú digas! Lo que sea, cuenta conmigo". Y si todas lo hiciéramos, estoy segura de que seríamos deslumbradas por lo que sucedería en nuestras vidas y en el mundo.

LA CARRERA HACIA LA CRUZ

Hebreos 12 dice: «El cual por el gozo puesto delante de él sufrió la cruz, menospreciando el oprobio, y se sentó a la diestra del trono de Dios. Considerad a aquel que sufrió tal contradicción de pecadores contra sí mismo, para que vuestro ánimo no se canse hasta desmayar».[14]

Jesús vino a la tierra tomando forma de ser humano, y puso su mirada en el gozo que le esperaba, el gozo de estar con nosotros para siempre, de reconciliar a las personas consigo mismo. Él sabía que la cruz era el camino hacia el gozo, sabía que su vida existió para salvar a la raza humana. Tenía una gran misión: salvar al mundo.

Despojarse de sí mismo era parte de la misión. Ser santo y perfecto era parte de la misión. Ser semejante a los hombres entraba en la misión. Hizo todo esto para revelarnos a Dios y revelarnos el modo de ser salvos. No solo se despojó en la cruz; toda su vida también decía: "¡Así es como deben vivir!"

Tantas veces vamos a Jesús y lo hacemos el salvador de nuestra alma, pero nos cuesta verlo como un modelo para la vida. Quiero contarte cómo es vivir con esta mentalidad, con esta determinación, teniendo un solo enfoque, teniendo su mismo corazón, viviendo una vida de bien.

Te conviertes en una servidora. Consideras los intereses de los demás por sobre los tuyos. Lo que Dios dice que hagas, eso es lo que haces.

Eso es lo que sabía Pablo: «Nada hagáis por contienda o por vanagloria; antes bien con humildad, estimando cada uno a los demás como superiores a él mismo; no mirando cada uno por lo suyo propio, sino cada cual también por lo de los otros. Haya, pues, en vosotros este sentir que hubo también en Cristo Jesús».[15]

La Biblia deja en claro que Jesús «no vino para ser servido, sino para servir, y para dar su vida en rescate por muchos».[16] Y no hay mayor demostración de esta verdad que Jesús humillándose, dejando el cielo para venir a la tierra como un niño vulnerable, sufriendo acusaciones injustas y resistiendo la muerte en una cruz romana.

La carrera puesta delante de Él involucraba morir, asumir los pecados pasados, presentes y futuros de toda la humanidad y pasar tres días en una tumba.

Y sin embargo...

Recuerda lo que dice Hebreos 12: hizo todas estas cosas sin perder el gozo. «Por el gozo puesto delante de él» dice el versículo 2, «sufrió la cruz, menospreciando el oprobio, y se sentó a la diestra del trono de Dios».

Él sabía que su carrera lo llevaría directo a la cruz.

Pero sabía algo más: completar la misión que Dios le había pedido era el mejor uso posible para su vida, así que eligió hacerlo.

Por el gozo puesto delante de él. Ese gozo es real, y también viene por nosotras. Tenemos un futuro y esperanza en Cristo. **Somos libres para servir, para que nuestras vidas muestren a la gente el gozo que hoy tenemos y el gozo que vendrá.**

No se me ocurre una mejor manera de vivir.

PARTE TRES

Piensa como Jesús

15

¿QUIÉN CREES QUE ERES?

Mi hijo más grande se fue a la universidad este año y, como haría cualquier madre dedicada, en las semanas previas a su mudanza intenté apiñar en su mente cada última lección. El último discurso que le di a Conner, allí en el asiento del copiloto en el carro, sonaba así:

"Hijo, tú eres luz. Lo sé porque he visto a Dios en ti. Te he visto transformarte de un niñito punk y egoísta a un joven que responde a su fe, un joven que oye a Dios y lo obedece. Amas a las personas. Pones los intereses ajenos por delante de los tuyos. Todo esto es evidencia de que Dios está en ti.

"Así que, eres luz. Es un hecho. Es tu naturaleza como Hijo de Dios.

"Y ahora te diriges a la más intensa oscuridad.

"Habrá momentos en los que actúes como la oscuridad, pero nunca serás la oscuridad, y en casa nunca estarás en oscuridad."

Tal como deseaba que esa verdad poderosa se grabara en la mente de Conner, lo mismo quiero para ti y para mí, porque solo aferrándonos a esa verdad con todas nuestras fuerzas podremos encontrar la victoria día a día en la batalla de nuestra mente.

Verás, desde el momento en que recibes a Jesús eres nueva criatura. Pero también en ese punto, el enemigo se determina a venir por ti. Entonces mientras se nos da poder y autoridad sobre nuestra mente y nuestra vida, incluso sobre la oscuridad que viene a nosotras, debemos pelear a muerte en una batalla contra el pecado y las tinieblas si no queremos quedar atrapadas.

Pablo nos deja ver esto en Filipenses 3:

> Allá afuera hay muchos tomando otros caminos, escogiendo otras metas, e intentando que te les unas (...) Odian la cruz de Cristo (...) Hacen de sus estómagos su dios (...) Solo pueden pensar en su apetito.
>
> Pero en nuestra vida hay mucho más. ¡Somos ciudadanos del cielo! Estamos a la espera de la llegada del Salvador, el Maestro, Jesucristo, quien transformará nuestros cuerpos terrenales en cuerpos glorificados como el suyo. Nos hará bellos y plenos con el mismo poder con el que sujete todo como debe ser, debajo y alrededor suyo.[1]

Nada tiene más impacto para cambiar nuestra mente y nuestra vida que saber quiénes somos y el poder y autoridad que nos han sido dados.

PENSAR CON LA MENTE DE CRISTO

«Cuando vino el cumplimiento del tiempo», nos recuerda Gálatas 4:4-7:

> Dios envió a su Hijo, nacido de mujer y nacido bajo la ley, para que redimiese a los que estaban bajo la ley, a fin de que recibiésemos la adopción de hijos. Y por cuanto sois hijos, Dios envió a vuestros corazones el Espíritu de su Hijo, el cual clama: ¡Abba, Padre! Así que ya no eres esclavo, sino hijo; y si hijo, también heredero de Dios por medio de Cristo.

Pasamos de ser esclavos del pecado a ser hijos de Dios. Es probable que estemos intentando comprender en nuestra mente esta verdad extraordinaria hasta que lleguemos al cielo.

Pero debemos intentarlo, porque transforma todo nuestro ser. En 1 Corintios 2:16, Pablo nos dice que, como hijos de Dios, llenos del Espíritu Santo, *tenemos* la mente de Cristo; la cuestión es si la estamos *usando* para pensar lo que pensaría Jesús.

¿Estamos llevando cautivo cada pensamiento y entrenando nuestra mente cada día para pensar como Cristo?

La parte 2 de este libro se trató de las decisiones que podemos tomar para transformar los pensamientos de autosabotaje y menosprecio, fundándonos en la verdad sobre Dios y nuestra vida. Se trató de entrenar nuestra mente para hacer una elección por el poder del mismo Espíritu que guio a Jesús en sus elecciones.

En otras palabras…

Justamente porque Jesús se escabulló de las masas para estar con su Padre, tú puedes elegir estar en intimidad con Dios en vez de distraerte.

Porque Jesús eligió vivir en comunidad con doce hombres antes de ascender al cielo, tú puedes elegir dejar que la gente te conozca en vez de aislarte.

Porque Jesús confió en su Padre celestial en su momento de mayor aflicción antes de ir a la cruz, tú puedes elegir dejar de tener miedo de lo que el futuro te depara y confiar en Dios.

Porque Jesús tenía razones para ser cínico acerca de la ruina del mundo y, sin embargo, escogió amar a los pecadores, tú puedes elegir deleitarte en Dios y en la gente que te rodea.

Porque Jesús venció al pecado y la muerte y nos ha hecho «más que vencedores» por medio de su amor, tú puedes elegir ser agradecida sin importar lo que pase.[2]

Porque Jesús no nos dejó solas, sino que nos prometió al Espíritu Santo como nuestro ayudador, tú puedes elegir hacer algo.

Porque Jesús eligió estas cosas, tú y yo podemos elegir hacer lo mismo.

Pese a mis buenas calificaciones en las clases de ciencia de la escuela superior, nunca me gustó demasiado la asignatura. Pero algo me dice que si hoy volviera a aquellas clases de biología, química y geografía las amaría. Cuanto más pasa el tiempo, más deseo saber cómo funciona todo. Cuanto más me acerco a Dios, más me fascina el diseño complejo del cuerpo y la mente.

Acompáñame por un momento e investiguemos el tema: cada pensamiento cuenta.

Cada uno de tus pensamientos importa, y *mucho*.

No estoy hablando de manera arbitraria en esto. Me estoy apoyando en la ciencia.

Científicamente, cada cosa que pensamos *cambia nuestro cerebro*. Déjame explicarlo.

Dentro de tu cerebro hay unos 86 mil millones de células nerviosas, llamadas neuronas.[3] Si llevas la cuenta, eso representa apenas el 0.2 % de los 37 billones de células que hay en tu cuerpo. Dentro de cada una de esos 86 mil millones de neuronas hay microtúbulos, que en diámetro son miles de veces más pequeños que un pelo en tu cabellera. En otras palabras, demasiado pequeños para el ojo humano. Pero que no los podamos ver no los hace menos importantes en el funcionamiento humano. Significan *todo* a la hora de procesar la vida.

Los microtúbulos han sido denominados "el cerebro de la célula", y pueden compararse a un bloque de Lego en una construcción librada a la imaginación.[4] Bueno, así es como yo lo llamo cuando mi hijo bota las instrucciones que vienen en el juego para sentarse frente a pilas y pilas de bloques de colores, tan solo confiando en que su imaginación le dirá cómo debe ensamblarlos.

Digamos que tú eres la que está construyendo con su imaginación y decides armar un árbol. Es probable que tomes varios ladrillos color marrón para hacer el tronco y las ramas, y luego unos verde claro y oscuro para hacer las hojas. Digamos que, a mitad del montaje, cambias de opinión y ahora quieres armar una cerca. Bueno, sigues con los ladrillos de color marrón, pero quizás tengas que alterar el aspecto de tu construcción —de la forma cilíndrica de un tronco a los largos listones de una cerca— y ya no necesitarás los ladrillos color verde. Si a mitad de *esa* construcción te arrepientes, y decides que lo que en realidad quieres hacer es un robot, entonces harás a un lado todos los ladrillos marrones, tomarás un manojo de bloques grises y comenzarás todo de nuevo.

Dentro de tus neuronas, esos microtúbulos se están constantemente construyendo, destruyendo, reformando, desarmando, ajustando, transformando, parando y comenzando de nuevo, de acuerdo con —presta mucha atención— *cada uno* de tus pensamientos.[5]

Con cada cosa que piensas, los microtúbulos trabajan duro para ofrecer andamios mentales que sostengan ese pensamiento. Esos andamios le dan estructura a toda la célula nerviosa y alteran tu cerebro en el sentido más auténtico de la palabra.

¿Ya estás impresionada? Espera, que todavía se pone mejor.

Adivina cuánto le lleva a un microtúbulo terminar ese andamio que le da estructura al cerebro. De inicio a fin. ¿Cuánto dices?

Diez. Minutos.

No lo estoy inventando.

Desde que piensas algo hasta que ese pensamiento llega a *cambiar tu cerebro* de manera psicológica, científica e indiscutible, transcurren diez minutos.[6] Tu pensamiento ha acelerado algunos circuitos neuronales y causado que otros desaparezcan. Ha despertado algunas neuronas y permitido a otras conciliar el sueño. Ha construido una ciudad microtubular completa en ciertas partes de tu mente y abandonado a otras, dejándolas como ciudad fantasma.

Todo por un simple pensamiento.

Ahora, hay dos modos de ver esta información que acabo de dar. Uno nos deja aterradas y angustiadas: *Si tengo tan solo un pensamiento negativo, ¿podría arruinar mi cerebro en diez minutos?*

Supongo que *técnicamente* eso es cierto. Pero antes de entrar en desesperación, consideremos el otro modo de verlo. Si has desarrollado el hábito de pensar en negativo, **estás tan solo a diez minutos de comenzar de nuevo.**

Toma el mapa de tu mente que creaste al principio de este libro. ¿Luciría igual si mapearas hoy tus pensamientos? ¿Has notado qué es lo que está en tu mente? ¿Has empezado a interrumpir tus pensamientos recordando que puedes elegir otro camino? ¿Se acortaron y espaciaron tus espirales?

Con cada decisión positiva —escogiendo la quietud por sobre la distracción, por ejemplo, o la comunidad antes que la soledad o la entrega en vez de la ansiedad— nos entrenamos para usar la mente de Cristo que está en nosotras. Cuanto mayor sea la cantidad de decisiones positivas, más reflexivo se vuelve ese abordaje. Dijimos que al principio ese cambio es *posible* a través de la interrupción consciente y deliberada de nuestras espirales. Pero cuanto más practicamos, el cambio se vuelve *probable*, luego *predecible* y después completamente *instintivo*. Al final llegamos a una instancia en la que ni siquiera nos damos cuenta de que estamos interrumpiendo los pensamientos negativos para elegir el modo de pensar de Cristo, porque tenemos arraigado el impulso.

Me gusta compararlo con la experiencia de cortar camino en medio del bosque. Al principio, las hojas aplastadas por pisadas en el suelo son las que marcan el camino. Pero con el tiempo, la demanda del sendero hará que alguien venga a echar gravilla sobre la tierra; luego será necesario volcar cemento sobre la gravilla y, tras eso, poner carteles que indiquen el kilometraje y luces en intervalos regulares a todo lo largo. Finalmente, el camino está tan claro que sería insensato tomar otra ruta. Ese camino es tan solo el camino que tú tomas siempre. Ese camino te mantiene a ritmo con el Espíritu de Dios. Es el camino de la entrega constante, de la abundancia de humildad, de la confianza plena en Jesús, a cada paso, en cada momento.

Entrenar nuestra mentalidad para agarrar ese camino es crucial porque cuando estamos bajo presión, estresadas y dolidas, nuestro desempeño va a depender de nuestra práctica.

Hace poco tiempo di una charla en un predio lleno de chicas en la Universidad Baylor. Todavía estoy fascinada por lo que sucedió allí. Prediqué sobre la declaración de Pablo en Romanos 8:1, «Ahora, pues, ninguna condenación hay para los que están en Cristo Jesús, los que no andan conforme a la carne, sino conforme al Espíritu». ¿Por qué vivimos atadas a nuestro pecado y dejamos que él nos defina, si la Biblia nos dice que somos libres y no hay condenación en Jesús?

¿Por qué no vivimos como mujeres libres? Desafié a las chicas a decir en voz alta la lucha por la que estaban pasando y a sacar a la luz las tinieblas que enfrentaban. Para mi sorpresa, una por una, comenzaron a ponerse de pie. En medio del campus, se pararon y contaron una batalla tras otra.

Esto continuó hasta que, finalmente, todas estaban de pie. Fue hermoso. Hice que se dividieran en grupos y oraran por aquellas cosas que las mantenía cautivas, mientras tanto yo le preguntaba a Dios qué quería que dijera luego. En ese momento una estudiante se me acercó y dijo:

—Creo que deberías declarar que todas esas cosas ya no tienen poder sobre ellas.

Le entregué el micrófono y le pedí:

—Díselos tú.

Su voz atravesó el predio y más allá al declarar:

—¡La mentira ya no tiene poder sobre mí! ¡La mentira ya no tiene poder sobre esta universidad!

De manera espontánea comenzaron a formarse filas a cada lado del escenario, y las estudiantes se turnaban para gritar al micrófono que su pecado y sus heridas ya no tenían poder sobre ellas.

—¡El suicidio ya no tiene poder sobre mí! ¡El suicidio no tiene poder sobre esta universidad!

—¡La pornografía ya no tiene poder sobre mí! ¡La pornografía ya no tiene poder sobre esta universidad!»

¡Nunca he visto algo así! No solo exponían públicamente lo más íntimo de su corazón, sino que también resistían el poder del enemigo sobre ellas.

Dios puede generar una revolución así en cualquier sitio y con cualquier persona.

Así que, ¿esa vergüenza? ¿Ese miedo? ¿Esa duda?

¡Ya no tiene poder sobre ti!

¡Ya no tiene poder sobre nuestra generación!

Entrenemos nuestra mente para pensar en esa verdad.

LA MENTE ENTRENADA

Recientemente tuve una charla con un astronauta. Él viaja al espacio de tanto en tanto, ya sabes, a pasar el rato. Durante toda nuestra conversación estuve con la boca abierta de asombro. Su día a día es *así* de genial.

Se llama Shane Kimbrough, y lo que más me gusta de él es que tiene miedo a las alturas. O que *solía tener* miedo a las alturas. (¿Acaso uno realmente supera el miedo a las alturas? Evidentemente Shane lo hizo, porque la última vez que lo asignaron a una misión espacial, estaba tan relajado que se quedó dormido sobre la plataforma de lanzamiento. No estoy bromeando. Sus colegas astronautas tuvieron que codearlo y decir: "¡Ey!, Shane. Estamos por despegar, amigo").

Shane contó que pasa su vida preparándose para una misión espacial, participando en una o, como él dice, "bajando las revoluciones" al terminar una de esas experiencias. Le pregunté cómo es estar en una misión espacial, y aquí hay algunas perlitas que compartió conmigo.

Cuando estás a punto de ser lanzado al espacio, te amarran a una cápsula que está enganchada a cohetes aceleradores diseñados para alcanzar 28 000 kilómetros por hora en un abrir y cerrar de ojos, de modo que en ocho minutos y medio estarás en el espacio exterior. Llegas al espacio y miras atrás para ver el planeta Tierra en todo su esplendor, toda la gran esfera. Luego procedes a trabajar doce horas por día por diez días seguidos, recolectando muestras, llevando a cabo experimentos, saliendo a caminar (ya sabes, en el espacio). Para el final del día, te retiras a tu cabina insonorizada de dormir, que tiene el tamaño de una cabina telefónica, y te amarras a tu cama, no sea que andes flotando toda la noche. Echas un vistazo por la ventana y ves los océanos, los continentes, la luna, las estrellas, antes de quedarte dormido.

Ahora bien, no solo es difícil para el cuerpo de un astronauta estar en el espacio (en promedio, los astronautas pierden alrededor del 1 % de su masa ósea por cada mes que pasan en el espacio), sino que mentalmente también es un desafío. Se separan de sus amigos, familia y sus rutinas diarias por días, a veces por meses. A pesar de los aspectos fabulosos de su trabajo, saben que la vida aquí en la tierra no se detiene. Pueden sentirse aislados. Las emociones pueden tornarse oscuras.

Shane me contó acerca de una misión prolongada de la que participó el año pasado, en la que realmente tuvo que tomar control de su mente. "Partimos en septiembre y teníamos agendado volver a mediados de febrero. Para finales de enero, nuestra tripulación recibió malas noticias del centro de control. Por muchas razones, tuvieron que reprogramar el aterrizaje y dijeron que no aterrizaríamos hasta el mes de abril".

Esto no era como llegar una hora tarde a la cena; Shane se atrasaría *dos meses*.

Él tenía muchas ganas de volver; su esposa y sus hijos ya ansiaban que él llegara a casa. Toda la tripulación moría por volver a casa. Sin embargo, volver no era posible.

—¿Cómo hiciste para sobrellevarlo? —le pregunté, y su respuesta fueron cuatro palabras que nunca, jamás olvidaré.

—**Confié en mi entrenamiento.**

Shane *creía tanto* en su trabajo, en su misión de servir a la humanidad, en el hecho de que el centro de control tenía sus mejores intenciones, en la provisión fiel de Dios, pase lo que pase, que pudo frenar los pensamientos que de otro modo lo hubieran arruinado. Pudo concentrarse en pensar en cosas más útiles.

—Pasé años y años aprendiendo a ser un astronauta exitoso —dijo—. Creí en lo mejor, llamé a mi esposa, y me mantuve ocupado en mi trabajo.

"*Confié en mi entrenamiento*" dijo Shane, y sus palabras quedaron en mi mente por días.

No es fácil dejar de creer las mentiras. No podemos tan solo sentarnos y esperar que nuestra mente sane, que nuestros pensamientos cambien. Debemos entrenarla. Así es como la verdad obtiene la victoria en la batalla de nuestra mente.

Lee la Biblia al comenzar y terminar el día. Quizás no puedas retener la verdad en dos días, pero cuando hayan pasado ciento dos días estará afianzada en tu corazón y tu mente.

Al despertarte por la mañana, en vez de agarrar el celular, arrodíllate y entrega tus pensamientos a Jesús.

Invierte en relaciones sanas y acude a ellas cuando comiences a entrar en una espiral.

Escoge sabiamente, cada día, momento a momento. Entrena tu mente. Y cuando la tentación de entrar en la espiral se presente, confía en tu entrenamiento.

PIENSA EN QUIÉN ERES REALMENTE

Kate, mi hija de dieciséis años, levantó la mirada de su plato de sushi y dijo: "Mamá, ¡mi mente da vueltas sin parar! Sé las respuestas correctas, pero necesito que me recuerdes ¿quién dice Jesús que yo soy?"

Podía verlo. Se sentía desesperada. Se sentía sola. Su mente había estado trabajando de manera desenfrenada en la última temporada y ella no podía detenerla. Necesitaba que yo me acercara, y que le ayudara a tomar las riendas y desacelerar.

Me sorprendió tanto ver a esta maravillosa joven frente a mí que de alguna manera volví atrás para verla como mi pequeña niña que ha crecido, en vez de ver a esta mujer valiente a punto de cambiar el mundo.

—¡Eres valiente! —le dije—. Eres apasionada. Y generosa, y creativa, y adorable...

—Mamá —me interrumpió—. No quiero saber lo que tú dices de mí. Quiero saber lo que *Jesús* dice de mí.

¡Ah, sí! Cierto. Claro.

Porque todo lo demás es como correr tras el viento, dice Eclesiastés.7

Nuestra mente da vueltas y vueltas, a menudo aferrándose a mentiras en búsqueda de algo estable. Los mensajes se mezclan y sentimos como si no pudiéramos apoyar nuestros pies sobre las verdades simples de lo que significa amar a Jesús y lo que significa ser amadas por Él.

Si, al igual que Kate, necesitas que te recuerde quién dice Jesús que eres, ¿me permites tomar tu rostro entre mis dos manos y decirte nuevamente lo que Él dice de sí mismo y de ti?

YO SOY EL QUE SOY. *Éxodo 3:14*

Yo soy el principio y el fin,
el primero y el último. *Apocalipsis 22:13*

Yo soy luz, y en mí no hay ninguna oscuridad. *1 Juan 1:5*

Con la mano izquierda afirmé la tierra,
y con la derecha desplegué los cielos.
Yo pronuncié su nombre,
y todos ellos aparecieron. *Isaías 48:13*

Antes que te formase en el vientre te conocí. *Jeremías 1:5*

Yo te escogí y te comisioné para que vayas y des fruto, un fruto que perdure. Así el Padre te dará todo lo que le pidas en mi nombre. *Juan 15:16*

Yo, yo soy el que borro tus rebeliones por amor de mí mismo, y no me acordaré de tus pecados. *Isaías 43:25*

Mas a todos los que me recibieron, a los que creen en mi nombre, les doy potestad de ser hechos hijos de Dios. *Juan 1:12*

¿No sabes que eres templo de Dios, y que el Espíritu de Dios habita en ti? *1 Corintios 3:16*

Puse mi Espíritu dentro de ti. *Ezequiel 36:27*

No te dejaré. *Deuteronomio 31:8*

Te capacitaré en todo lo bueno para hacer mi voluntad. *Hebreos 13:21*

Porque no te he dado espíritu de cobardía, sino de poder, de amor y de dominio propio. *2 Timoteo 1:7*

Sobre ti edificaré mi iglesia, y las puertas del reino de la muerte no prevalecerán contra ella. *Mateo 16:18*

Yo te consolaré en la espera. *Isaías 66:13*

Te recordaré que todo esto es cierto. *Juan 14:26*

Yo vengo pronto. *Apocalipsis 3:11*

Mi gran amor perdura para siempre. *Salmos 138:8*

Pues dentro de muy poco tiempo...
Vendré para llevarte conmigo. *Hebreos 10:37; Juan 14:3*

Tú heredarás la tierra. *Salmos 25:13*

Tú estarás conmigo.
Yo te enjugaré toda lágrima de los ojos. Ya no habrá muerte
(...)
«¡Yo hago nuevas todas las cosas!». *Apocalipsis 21:3-5*

Mi reino viene.
Mi voluntad será hecha en la tierra como en el cielo. *Mateo 6:10*

Dios ha declarado estas verdades acerca de Él y de mí. Y todas estas
cosas son verdad para ti y para cualquiera que ame y siga a Jesús.
Esto es quienes somos por causa de a quien pertenecemos. Tomamos nuestras decisiones basadas en estas verdades. Y nuestro Dios
no cambia, siempre cumple sus promesas.

16

PENSAMIENTOS PELIGROSOS

El día de hoy, al notar cuán cerca estaba de terminar este libro, le pedí a oración a una docena de personas que me aman. Quizás yo nunca te llegue a conocer, y sin embargo tengo un profundo interés en que seas libre. Espero que puedas sentir esa motivación al leer mis palabras. A pesar de mi interés, reconozco que la libertad de la que hablo solo puede venir de la mano de Dios, de su Espíritu, de su intervención divina en tu vida.

Fuera de esa cadena de oración que solicité, mi amiga Jess, que no tiene idea de en qué ando en estos días, me acaba de enviar un mensaje de texto. Ella no sabe que estoy trabajando en un capítulo acerca de lo *contagiosa* que es nuestra mente y de cómo, cuando nos ajustamos a la mente de Cristo, podemos influenciar a los que nos rodean para algo poderoso y casi indescriptible. Jess no sabe que estamos orando para que seas *totalmente libre*.

Su mensaje de texto lleva adjunto una foto de su padre. Se trata de un hombre usado por Dios, un gran padre, un esposo fiel. También se trata de un hombre con un problema de adicción a las drogas.

Hace unos meses finalizó un tratamiento de rehabilitación y, ¡rayos!, ese hombre sí que regresó a su iglesia y su comunidad con una *misión*. Tras terminar su programa de rehabilitación, volvió y comenzó a liderar estudios bíblicos en la misma institución de la que había salido.

La foto que me mandó Jess era de seis hombres, de distintas edades, etnias e intereses. Se encontraban sentados alrededor de una mesa, todos sonriendo. Mi amiga escribió: "Mi padre se despertó esta mañana de sábado con la idea de invitar a cenar a todos sus compañeros de rehabilitación, así que junto con mi madre hicieron la invitación, y unas horas después todos estaban allí. Mi familia todavía se encuentra frágil, pero estas son las cosas que me ayudan a ver que Dios sí puede extraer belleza de las cenizas".

Solo Dios puede tomar los trozos rotos de nuestra vida y convertirlos en un momento de esperanza compartiendo hamburguesas a la parrilla y ensalada de papas. Solo Él puede tomar aquello que queremos esconder y construir con ello la mejor historia que tengamos para contar. Solo Dios puede convertir a personas que quizás hubiésemos menospreciado, en amigos y colaboradores y hermanos en Él.

Solo Dios.

NUESTRO ÚNICO ENFOQUE

Después de Jesús y del apóstol Pablo, creo que Pedro es mi persona favorita en la Biblia. Mi amor por él es profundo por dos simples razones. Primero: era un radical, un renegado, un muchacho que vivía encendido por el Señor, y me gusta pensar que yo tengo un poco de esa locura por Jesús corriendo por mis venas. Segundo: puede que Pedro sea más conocido por los errores inconcebibles que cometió (una realidad con la que me identifico). Era un poco... arrogante. Se me viene a la mente una cierta escena en Mateo 26 cuando le dice a Jesús: «¿Qué significa que voy a negarte? Eso es absurdo».

Esto fue, por supuesto, antes de que Pedro negara a Jesús, no una ni dos, sino tres veces.

Esa es una parte.

Pero en otras partes de las Escrituras, Pedro fue un discípulo apasionado, comprometido y fiel, alguien en quien Jesús podía confiar.

Hechos 2 nos recuerda que fue Pedro quien, en el día de Pentecostés, se puso de pie frente a la multitud y habló la verdad, haciendo que miles comenzaran a seguir a Cristo y que naciera la Iglesia.

Pero la escena que más conecta mi corazón con el de Pedro se encuentra en Mateo 14. Inmediatamente después de que Jesús, de algún modo, multiplicara el almuerzo de un niño y alimentara a cinco mil personas hambrientas, leemos que Jesús «hizo a sus discípulos entrar en la barca e ir delante de él a la otra ribera, entre tanto que él despedía a la multitud».[1]

Y esto fue lo que sucedió luego:

Despedida la multitud, subió al monte a orar aparte; y cuando llegó la noche, estaba allí solo. Y ya la barca estaba en medio del mar, azotada por las olas; porque el viento era contrario. Mas a la cuarta vigilia de la noche, Jesús vino a ellos andando sobre el mar. Y los discípulos, viéndole andar sobre el mar, se turbaron, diciendo: ¡Un fantasma! Y dieron voces de miedo. Pero enseguida Jesús les habló, diciendo: ¡Tened ánimo; yo soy, no temáis! Entonces le respondió Pedro, y dijo: Señor, si eres tú, manda que yo vaya a ti sobre las aguas. Y él dijo: Ven. Y descendiendo Pedro de la barca, andaba sobre las aguas para ir a Jesús. Pero al ver el fuerte viento, tuvo miedo; y comenzando a hundirse, dio voces, diciendo: ¡Señor, sálvame! Al momento Jesús, extendiendo la mano, asió de él, y le dijo: ¡Hombre de poca fe! ¿Por qué dudaste? Y cuando ellos subieron en la barca, se calmó el viento. Entonces los que estaban en la barca vinieron y le adoraron, diciendo: Verdaderamente eres Hijo de Dios.[2]

La imagen de Pedro mirando fijamente al rostro de Cristo, dando pequeños pasos sobre la cresta del oleaje; no puedo dejar de pensar en ello. De hecho, esa escena es lo que inspiró la parte 2 de este libro: la idea de que, a pesar del viento, la lluvia, la incertidumbre o el miedo, cuando nuestra mirada está puesta en Jesús, caminamos *sobre* las olas, no debajo de ellas.

Cuando soltamos los pensamientos que nos distraen y elegimos enfocarnos en Él, ¡todo cambia!

Pero no era ni la fuerza ni la voluntad de Pedro lo que lo mantenía a flote; era aquello que él miraba: el rostro de Jesús.

El enemigo intenta interrumpir nuestra determinación. Ganar es enfocarse en Cristo. Si pensamos en Él, si nos concentramos y somos consumidas por Él, todo lo demás se atenúa. Pero el enemigo quiere que te concentres en cualquier cosa excepto en Jesús.

Porque si nos enfocamos nos volvemos muy peligrosas, como Pedro. Él se iba a tambalear entre aquella lección sobre el agua y la ascensión de Jesús, pero llegaría el día en que todo en su vida se enfocaría. Sus espirales de arrogancia y ansiedad decrecerían, y se orientaría por completo a su misión.

Y cuando eso sucedió, nació la Iglesia, miles y miles fueron salvos y comenzaron a seguir a Jesús, naciones enteras fueron evangelizadas, y generaciones fueron transformadas.

Sé que quizás estés pensando: *Jennie, eso es genial. Pero tengo que dejar de sentir tanta ansiedad.* Lo sé. Pero parte de renunciar a la ansiedad es cambiar por completo la razón de tu vida. Cuando Cristo es nuestra recompensa y el cielo es nuestro hogar, la ansiedad se debilita porque sabemos que nadie puede quitarnos nuestra misión, nuestra esperanza ni nuestro Dios.

UN NUEVO MODO DE PENSAR

Sabes, todo este libro se reduce a lo siguiente: nuestros pensamientos siendo consumidos por la mente de Cristo. Esto es muy importante porque, como vimos anteriormente, lo que pensamos dictamina lo que creemos, y eso dictamina nuestras acciones, nuestras acciones forman nuestros hábitos, y estos componen la totalidad de nuestra vida. La manera que pensamos es la manera en que vivimos. Cuando pensamos en Cristo, vivimos en las bases de Cristo, con la mirada puesta fijamente en Él. ¿Viento? ¿Qué viento? ¿Marea? ¿Qué marea? Paso a paso. Caminamos. *Cruzamos atravesando ese mar.* ¿Prisión? Está bien; al menos los guardias tal vez reciban salvación. ¿Naufragio? Mmmm…, bueno. Parece que Dios me quiere aquí en vez de allí, donde se dirigía mi barco.

Una nueva manera de pensar, de eso estamos hablando aquí.

Pasó ya más de un año desde que experimenté esa temporada de desvelos por la madrugada. Y aunque aún sigo despertándome en medio de la noche cada tanto, esa interrupción ya no me llena de miedo y terror. ¡Está muy lejos de eso! En esos momentos de madrugada, hoy en día siento *paz*. De hecho, Dios me redimió tomando los tiempos más amargos y perturbadores de mi rutina y comenzó a usarlos para bien. No exagero cuando digo que gran parte de este libro fue escrito entre las 3 y las 5 a. m. cada madrugada, semana tras semana, mes tras mes. La falta de sueño abrió paso a algo sagrado. ¿No es eso increíble?

En la oscuridad, mi mente solía entrar en una espiral, con el temor de que no hubiera un lugar seguro para aterrizar. Con el temor de que Dios no fuera real.

Temiendo que no estuviera segura.

Temiendo que nadie me viera.

Temiendo del mañana.

Esos miedos, comprendí después, eran engaños. *Sí* era vista. *Sí* estaba segura. Dios *sí* era real.

Dios sigue siendo real.

Aun ahora, escribiendo desde mi cama, con mi esposo durmiendo a mi lado, la pantalla de mi computadora brillando y mis dedos moviéndose demasiado lento para la rapidez de mis pensamientos, estoy en casa. En casa con Dios, de nuevo. Él me escogió. Él me escogió y me apartó. No estoy sola en la oscuridad.

Él me conoce.

Él me elige.

Estoy segura.

Soy suya y Él es mío.

Así que, noche tras noche, hago mi elección. Elijo hablar con Dios en vez de dudar de Él. Elijo ser agradecida por todo lo que ha hecho. Elijo obedecerle, sin importar cómo me sienta.

Esta es mi espiral ascendente. Estoy en paz. Y anhelo profundamente que sientas lo mismo. Quiero que seas libre y puedas contagiar de Jesús a los demás.

PUEDES AYUDAR A CAMBIAR EL CURSO DE LAS COSAS

Una tarde llegué a casa y encontré a Kate en medio de la cocina con otra niña. "Mamá", me dijo, "ella es Rachel. Conoció a Jesús hace unas semanas y nunca tuvo una Biblia. Le mostraré algunas cosas en la mía".

Las niñas se metieron en la habitación de Kate, y al cabo de una hora, las oí hablando de las diferencias entre el Antiguo y el Nuevo Testamento, entre los evangelios y las epístolas, entre los profetas mayores y los menores. Pensé en todas las cosas que podría haber estado haciendo mi hija esa tarde y le agradecí a Dios que estuviera haciendo eso. En Salmos 3:3, el salmista dice que Dios es quien «levanta mi cabeza», y esa imagen es exactamente lo que me vino a la mente al ver a Rachel interactuando con Kate. No conocía el pasado o la historia de Rachel, las batallas específicas por las que tuvo que pasar. Pero allí en esa cama, con una Biblia en su falda, vi sus ojos llenarse de una nueva esperanza.

Hace poco escuché un audiolibro acerca del poder de nuestra mente, y el autor decía lo siguiente:

> Cuando escoges no tener ese pensamiento negativo, y en cambio reemplazarlo con uno positivo, no estás cambiando tu propia realidad. Estás cambiando la realidad para toda la especie humana. Estas contribuyendo a la suma de bondad y compasión en el mundo. Estás fortaleciendo el terreno de esa nueva realidad. (…) Estás ayudando a transformarla en una fuerza irresistible que cambie el rumbo de la historia.[3]

En otras palabras, nuestra mente es contagiosa.

Ser consumidas por la mente de Cristo no puede terminar en nosotras. Esta es mi oración para todas. Si miles de personas leen este libro y comienzan a hacer un cambio, esta manera de pensar puede volverse contagiosa, y podríamos ver una generación libre.

Pienso que es posible. Oro por que así sea.

Persevera, amiga mía. «No se amolden al mundo actual, sino sean transformados mediante la renovación de su mente. Así podrán comprobar cuál es la voluntad de Dios».[4]

¿Por qué? ¿Por qué importaría tanto comprobar cuál es la voluntad de Dios? Porque Él no busca tan solo tu libertad. El preparó cosas buenas de antemano para ti, para que muchas otras personas pudieran ser libres.[5]

Cuando tomamos cautivo cada pensamiento y recuperamos nuestra mente de las mentiras del enemigo, Dios nos hace libres para liberar a otros. Que podamos administrar bien nuestra libertad.

Señor, te pido que hagas libre a esta lectora. Dios, en tu poder ayúdanos a batallar contra el enemigo que está empecinado en destruirnos, y ayúdanos a recordar que en ti tenemos el poder para escoger otro camino.

Y luego ayúdanos a compartir eso con un mundo que clama por un nuevo modo de pensar y vivir.

En el nombre de Jesús, amén.

RECONOCIMIENTOS

He escrito varios libros, y por lejos este fue el más difícil. Quizás sea por la lucha personal que tuve que enfrentar no solo para escribir este libro sino también para vivirlo. O tal vez sea porque se trata de un asunto tan importante y todo el infierno se me oponía. Pero sin importar la razón, no podría haber atravesado este proceso sin el pequeño ejército que Dios puso a mi lado no solo para ayudarme a hacer lo que Él me ha llamado a hacer, sino que más importante, para ayudarme a vivir como Él me ha llamado a vivir.

Primero de todo está Dios. Peleaste por mí cuando nada, excepto Tú, podría haberme salvado. Gracias por hacerme libre no solo de mi pecado sino también de los caminos tóxicos en los que estaba atascada casi sin darme cuenta. Nunca olvidaré la sangre de Jesucristo y la salvación que trajo para el desastre que yo soy.

Zac, eres el mejor compañero que podría soñar, y nada de todo esto existiría sin ti: desde organizarme retiros de escritura mientras tú llevabas a los chicos a la escuela, los ayudabas con la tarea y les preparabas la comida, hasta consolarme en mis dudas y temores y, asimismo, creer en esta misión que Dios puso en nuestras vidas. Como siempre dices, tendrás todo el crédito cuando llegues al cielo. Todos sabemos que eso es cierto.

A mis hijos, Conner, Kate, Caroline y Cooper, que parecen nunca molestarse por el precio a pagar que viene con este llamado. De hecho, no solo no les molesta, sino que celebran y defienden cada cosa que hago. Los he visto crecer en Dios, pasar de niños que me necesitan a individuos que me desafían cada día. Son de mis personas favoritas en el mundo, ¡qué gran regalo es poder ser su madre! Chloe Hamaker, tú crees en mí más de lo que yo creo en mí misma. Esto no es un trabajo para ti; es un llamado. Así que supongo que debo agradecerle a Dios por poner en ti ese llamado, porque mi ministerio no existiría sin ti. Tú eres mi Aarón, la que mantiene mis brazos en alto en esta misión que, por momentos, me asusta. Hay huellas tuyas a lo largo de todo este libro. Gracias por ayudarme a transformar todo esto en algo útil para los demás, generalmente en medio de la madrugada.

Lysa TerKeurst, ¡tú y tu equipo me ayudaron a creer en el mensaje de este libro! Salí de sus oficinas aquel día con enfoque y certeza de que Dios podía usar este libro para ayudar a las personas. Gracias por invertir su tiempo en nosotros.

Ashley Wiersma, tenía miedo de permitirle a alguien entrar en mi proceso de escritura. Pero como aprendí en todas las otras áreas de mi vida, trabajar en equipo nos hace mejores. Sabía que producir este libro sola con mis pensamientos y mi computadora no era lo mejor. Gracias por hacer de mí una mejor escritora y por observar con paciencia mientras Dios obraba lo que quería decir en este libro.

Laura Barker, siempre digo que tú deberías estar en la portada de mis libros como coautora, porque así de importante es tu trabajo de edición. Siempre es fastidioso cuando estamos en el proceso, pero tú me haces una mejor escritora, y le diste más claridad y fuerza a este libro. Está claro que esto no es solo un trabajo para ti. Eres tan apasionada, y me siento honrada de haber trabajado contigo en este proyecto.

Curtis, Karen y Yates & Yates, no son nada más que mi agente; son nuestros amigos. Zac y yo confiamos en ustedes y cada año los apreciamos más. Ustedes vieron la mano de Dios en mi vida cuando casi nadie más la vio. Creyeron en mí y se zambulleron de lleno, y nunca me olvidaré de la provisión de Dios al darme un equipo como ustedes.

Caroline Parker, tú has mantenido en pie alguna de las partes más importantes de nuestra vida para que este libro pueda existir. Gracias por servir continuamente a nuestra familia y hacernos más sensatos. Gracias por transcribir muchas de mis palabras para que no tuviera que comenzar este libro de cero, y por investigar y charlar conmigo acerca de muchas de las ideas que están volcadas aquí. ¡La vida y el trabajo son más divertidos contigo!

Al equipo de IF:Gathering (Brooke, Jordyn, Amy, Lisa, Aly, Kali, Katy, Traci, Hannah M., Kristen, Kayley, Caroline, Morgan, Hannah R. y las demás): me han ayudado a atravesar esto, me han alentado y han orado por mí cuando estaba escribiendo. Gracias por siempre dejarme poner en práctica estas verdades con ustedes. Gracias por perdonarme y aceptarme como una líder imperfecta. Y por mantener IF:Gathering funcionando mientras yo me sumergía en la escritura.

A mi iglesia local, Watermark, gracias por permitirme enseñar esto con ustedes. Aprendí tanto al estudiar a Pablo, sus palabras y su vida. Sin esos seis meses juntos, este libro no existiría. Pero también sé que, sin la comunidad y la enseñanza y la responsabilidad que aquí recibo, no podría hacer lo que hago. Gracias por apoyarme de tantas maneras.

Soy bendecida por tener amigos queridos y familia que entienden lo que hago y me apoyan. Coach y Nana, mamá y papá. Ashley y Pete, Brooke y Tony, Katie y Aaron, vivir la vida en un contexto familiar sano ha sido muy importante. Estoy tan agradecida por una familia comprensiva y con temor de Dios. A mi grupo cercano y extendido de amigos, antiguos y nuevos, son extremos, divertidos y hacen que el ministerio y la vida valgan la pena para mí. Gracias por no darse por vencidos y estar conmigo.

Al equipo de WaterBrook (Tina, Campbell, Laura B., Ginia, Johanna, Bev, Lori, Mark, Laura W. y Kelly): han creído en mí desde el primer día y han trabajado para llevar este mensaje a lo largo y a lo ancho. Son personas apasionadas que trabajan para la gloria de Dios y el bien de la gente. No tomo a la ligera el tener un lugar en su mesa. Gracias por ofrecérmelo y soñar en grande para este proyecto.

NOTAS

Capítulo 1

1. 2 Corintios 10:5.

2. Romanos 12:1-2.

3. Nerurkar, A. et al. (2013). When Physicians Counsel About Stress: Results of a National Study. *JAMA Internal Medicine*, 173(1), 76. Recuperado de https://jamanetwork.com/journals/jamainternalmedicine/fullarticle/1392494.

4. Leaf, C. (2017) *Enciende tu cerebro: la clave para la felicidad, la manera de pensar y la salud* (p.33). (Del original en inglés: *Switch On Your Brain: The Key to Peak Happiness, Thinking, and Health*. Grand Rapids, MI: Baker, 2015).

5. Romanos 12:2, RVC.

6. Owen, J. (2019) *Victoria sobre el pecado y la tentación* (p.154). Teología para vivir. (Del original en inglés: *On Temptation and the Mortification of Sin in Believers*. Philadelphia: Presbyterian Board of Publication, 2018).

7. Leaf, C. (2018). *Switch on Your Brain Every Day: 365 Readings for Peak Happiness, Thinking and Health* [Enciente tu cerebro cada día: 365 lecturas para alcanzar la felicidad, mejorar los pensamientos y la salud]. Grand Rapids, MI: Baker. Contraportada.

Capítulo 2

1. Efesios 1:4-5.

2. Tozer, A. W. *La búsqueda de Dios (p.103). Unilit.* (Del original en inglés: *The Pursuit of God*. Camp Hill, PA: Christian Publications, 1982).

Capítulo 3

1. Moore, B. (2007). *Sálgase de ese pozo: hablemos con franqueza sobre la liberación de Dios* (pp. 21, 49, 71). Nashville, TN: Grupo Nelson. (Del original en inglés: *Get Out of That Pit: Straight Talk About God's Deliverance*. Nashville: Thomas Nelson, 2007).

Capítulo 4

1. Salmos 139:7-10.
2. Salmos 139:1-2.
3. Salmos 139:5.
4. Hechos 9:17-18.
5. 1 Corintios 2:14, 16.
6. Alianza Nacional de Enfermedades Mentales (2020). *Condiciones de la salud mental*. Recuperado de www.nami.org/Learn-More/Mental-Health-Conditions.
7. Énfasis agregado.

Capítulo 5

1. Romanos 8:11.
2. 2 Corintios 10:3-6.
3. 2 Corintios 10:5-6, MSG [Traducción al español de la Biblia parafraseada].
4. 2 Corintios 5:17.
5. Siegle, D. V. (2017). *Viaje al centro de la mente: lo que significa ser humano* (pp. 179, 185, 266). Ediciones Paidós. Del original en en inglés: *Mind: A Journey to the Heart of Being Human*. Nueva York: W. W. Norton, 2017). Recuperado de www.psychalive.org/dr-daniel-siegel-neuroplasticity.
6. Romanos 7:22-23, RVC.
7. Romanos 8:6-11, RVC.
8. Isaías 26:3, NTV.

Capítulo 6

1. Raghunathan, R. (2013). How Negative Is Your "Mental Chatter"? [¿Qué tan negativa es tu "charla mental"?]. *Psychology Today.* Recuperado de www.psychologytoday.com/us/blog/sapient-nature/201310/how-negative-is-your-mental-chatter.

2. Juan 16:33, NVI.

3. 2 Pedro 1:3.

4. 2 Corintios 10:6.

5. El mapa conceptual de la mente se popularizó gracias a Tony Buzan y la forma en que lo aplicamos aquí está adaptada del artículo de Ali, S. (2017). Mind Mapping: A Guide to Achieving Your Goals in 2018 [Mapa de la mente: Una guía para alcanzar tus metas en 2018], en los blogs de miembros de la Asociación Americana de Consejería (ACA, por sus siglas en inglés). Recuperado de www.counseling.org/news/aca-blogs/aca-member-blogs/aca-member-blogs/2017/12/06/mind-mapping-a-guide-to-achieving-your-goals-in-2018.

6. Mateo 6:33, RVC.

7. Mateo 22:37-39.

Capítulo 7

1. Génesis 3:6, NVI.

2. 2 Samuel 11:2.

3. Lucas 1:38.

4. Lucas 22:42.

5. Proverbios 23:7.

6. Efesios 6:12.

7. Romanos 8:5-6.

8. 2 Corintios 11:14.

9. Santiago 1:14-15; Juan 10:10.

10. Deuteronomio 20:3-4, RVC.

Capítulo 8

1. Salmos 46:10.

2. Salmos 139:2.

3. Gálatas 6:7-9.

4. Romanos 2:4.

5. Salmos 84:10, NVI.

6. Santiago 4:4-7, RVC.

7. Santiago 4:8, RVC.

8. Bradley Hagerty, B. (2009). Prayer May Reshape Your Brain... and Your Reality [La oración puede reformar tu cerebro... y tu realidad]. NPR. Recuperado de www.npr.org/templates/story/story.php?storyId=104310443.

9. Black, S. (2019). *The Porn Circuit: Understand Your Brain and Break Porn Habits in 90 Days* [El circuito de la pornografía: Entienda su cerebro y elimine esos hábitos en 90 días] (p.38). Owosso, MI: Covenant Eyes,. Recuperado de www.covenanteyes.com/resources/heres-your-copy-of-the-porn-circuit.

10. Barbor, C. (2001). The Science of Meditation [La ciencia de la meditación]. *Psychology Today*. Recuperado de www.psychologytoday.com/us/articles/200105/the-science-meditation.

11. Walton, A. G. (2015). 7 Ways Meditation Can Actually Change the Brain [7 Formas en que la meditación puede cambiar el cerebro]. *Forbes.* Recuperado de www.forbes.com/sites/alicegwalton/2015/02/09/7-ways-meditation-can-actually-change-the-brain/#98deead14658.

12. Walton, A. G. (2015). 7 Ways Meditation Can Actually Change the Brain [7 Formas en que la meditación puede cambiar el cerebro]. *Forbes.* Recuperado de www.forbes.com/sites/alicegwalton/2015/02/09/7-ways-meditation-can-actually-change-the-brain/#98deead14658.

13. Stanley, C. F. (2015). How to Meditate on Scripture [Cómo meditar en las Escrituras]. In Touch Ministries. Recuperado de www.intouch.org/Read/Blog/how-to-meditate-on-scripture.

14. Mateo 11:28-30.

15. Gálatas 5:16-26, RVC.

16. Para más información acerca de la reformulación cognitiva, Scott, E. (2019). 4 Steps to Shift Perspective and Change Everything [4 Pasos para cambiar de perspectiva y cambiarlo todo]. *Verywell Mind*. Recuperado de www.verywellmind.com/cognitive-reframing-for-stress-management-3144872.

17. Poema de Rachel Landingham. Reconocido y utilizado con permiso.

Capítulo 9

1. Crabb, L. (2003). *SoulTalk: The Language God Longs for Us to Speak* [Conversaciones del alma: el idioma que Dios desea que hablemos] (p.138). Brentwood, TN: Integrity.

2. Romanos 12:10, NVI; Romanos 12:16, NVI; 2 Corintios 13:11, RVC; Gálatas 5:13, RVC; Efesios 4:32.

3. 1 Juan 1:7.

4. Lieberman, M. D. (2013). *Social: Why Our Brains Are Wired to Connect* [Social: Por qué nuestros cerebros están configurados para conectarse] (p. 9). New York: Crown.

5. Miller, L. (2017). *Interpersonal Neurobiology: What Your Relationships Mean to Your Brain* [Neurobiología interpersonal: lo que significan tus relaciones para tu cerebro] en Liz Miller consejería. Recuperado de https://lizmillercounseling.com/2017/08/interpersonal-neurobiology-relationships.

6. Banks, A. (2010). Entrevista: «Humans Are Hardwired for Connection? Neurobiology 101 for Parents, Educators, Practitioners and the General Public» [¿Los humanos están programados para conectarse? Neurobiología 101 para padres, educadores, profesionales y público en general] en Centros Wellesley para mujeres. Recuperado de www.wcwonline.org/2010/humans-are-hardwired-for-connection-neurobiology-101-for-parents-educators-practitioners-and-the-general-public.

7. The Science of Love: See How Social Isolation and Loneliness Can Impact Our Health [La ciencia del amor: cómo el aislamiento y la soledad pueden impactar en su salud]. *Living Love Mindfulness Medicine*, 2017. Recuperado de https://livinglovecommunity.com/2017/02/21/science-love-see-social-isolation-loneliness-can-impact-health.

8. Filipenses 2:1-2.

9. Colosenses 3:12-16.

10. Paturel, A. (2012). Power in Numbers: Research Is Pinpointing the Factors That Make Group Therapy Successful [El poder de los números: la investigación señala los factores que hacen eficaz a la terapia grupal]. *Monitor on Psychology.* Recuperado de www.apa.org/monitor/2012/11/power.

11. Taylor, S. E. et al. (2000). *Biobehavioral Responses to Stress in Females: Tend-and-Befriend, Not Fight-or-Flight* [Respuestas bioconductuales al estrés en las mujeres: cuidar y hacerse amigas, no luchar o huir]. *Psychological Review,* 107(3), 418. Universidad Concordia (2015). Poor Social Integration = Poor Health [Poca integración social = Poca salud]. *EurekAlert!.* Recuperado de www.eurekalert.org/pub_releases/2015-01/cu-psi012015.php.

12. Brown, B. (2016) *Más fuerte que nunca* (p.12). Argentina: Ediciones Urano. (Del original en inglés: *Daring Greatly: How the Courage to Be Vulnerable Transforms the Way We Live, Love, Parent, and Lead.* Nueva York. Avery, 2012).

13. Efesios 5:13-14.

14. Salmos 32:3; Proverbios 28:13.

15. 1 Corintios 11:1.

16. Eclesiastés 4:9—12.

17. Lucas 6:31.

18. Santiago 5:16.

Capítulo 10

1. Mateo 6:25-34.

2. Romanos 5:5.

3. Efesios 3:16.

4. Newman, T. (2018). Anxiety in the West: Is It on the Rise? [Ansiedad en Occidente: ¿está en ascenso?]. Medical News Today. Recuperado de www.medicalnewstoday.com/articles/322877.php

5. Lucas 12:7.

6. Filipenses 4:6-8, NVI.

7. Goewey, D. J. (2015). 85 % of What We Worry About Never Happens [El 85 % de todo lo que nos preocupa nunca ocurrirá] en Don Joseph Goewey. Recuperado de https://donjosephgoewry.com/eighty-five-per-cent-of-worries-never-happen-2. Los datos citados resumidos en Leahy, R. L. (2005) *The Worry Cure: Seven Steps to Stop Worry from Stopping You* [La cura para la preocupación: siete pasos para detener la preocupación de que te detengan a ti] (pp. 18-19). Nueva York: Three Rivers.

8. Juan 8:42-44.

9. Filipenses 1:21-22.

10. 2 Corintios 12:9.

11. 1 Corintios 10:13.

12. Hebreos 13:5-6.

13. Salmos 54:4.

14. Salmos 139:1-2.

15. 2 Pedro 1:3.

16. 1 Juan 3:1-2.

17. Gálatas 1:10.

18. 2 Corintios 12:9-11.

19. Santiago 1:17.

20. Ten Boom, C. (2005). *El refugio secreto* (p.29). Madrid: Palabra. (Del original en inglés: *The Hiding Place*. Nueva York: Bantam Books, 1974).

21. 1 Pedro 5:7.

22. Lucas 12:27-28.

Capítulo 11

1. Brown, B. (2016) *Más fuerte que nunca* (p.124). Argentina: Ediciones Urano. (Del original en inglés: *Daring Greatly: How the Courage to Be Vulnerable Transforms the Way We Live, Love, Parent, and Lead*. Nueva York. Avery, 2012).

2. Piff, P. K. et al. (2015). Awe, the Small Self, and Prosocial Behavior [Asombro, ese pequeño yo y el comportamiento pro sociedad]. *Journal of*

Personality and Social Psychology, 108(6), 883. Recuperado de www.apa. org/pubs/journals/releases/psp-pspi0000018.pdf.

3. 2 Corintios 3:16-18 [Traducción al español de la Biblia parafraseada].

4. Romanos 8:28.

5. Oxford English Dictionary. (2020). Cynic. En *Oxford English Dictionary.* Recuperado de https://www.oed.com/

6. Filipenses 4:4-9, NVI.

7. Kilby, C. (citado en Piper, J., 2005). *Prueba y observa: saboreando la supremacía de Dios en todos los aspectos de la vida.* (p.70). Miami, FL.: Vida. (Del original en inglés: *Taste and See: Savoring the Supremacy of God in All of Life.* Colorado Springs: Multnomah).

8. Si no has visto esta grabación, mírala en «Hurricane Harvey: Man Plays Piano in Flooded Texas Home» [Huracán Harvey: un hombre toca el piano en su casa inundada en Texas]. (2017).*BBC.*. Recuperado de www.bbc. com/news/av/world-us-canada-41118462/hurricane-harvey-man-plays-piano-in-flooded-texas-home.

9. Salmos 19:1.

10. Kingsley, E. P. (1987). Welcome to Holland [Bienvenido a Holanda]. *National Down Syndrome Society.* Recuperado de www.ndss.org/resources/a-parents-perspective.

11. van Elk, M. et al. (2019). The Neural Correlates of the Awe Experience: Reduced Default Mode Network Activity During Feelings of Awe [Lo neuronal se relaciona con la experiencia de asombro: actividad en modo por defecto reducido durante los sentimientos de asombro]. *Human Brain Mapping.* Recuperado de https://pure.uva.nl/ws/files/37286954/Elk_et_al_2019_Human_Brain_Mapping.pdf.

12. Bruno Mars. (2010). Grenade [Granada]. En Doo-Wops & Hooligans [CD]. Elektra Records.

Capítulo 12

1. Romanos 12:3, 10.

2. Murray, A. (1896) *Humility: The Beauty of Holiness* [Humildad: la belleza de la santidad] (pp. 7, 12, 13, 14, 68, 95). Segunda edición. Londres: James Nisbet.

3. Murray, A. (1896) *Humility: The Beauty of Holiness* [Humildad: la belleza de la santidad] (p. 47). Segunda edición. Londres: James Nisbet.

4. Génesis 3:5.

5. Filipenses 2:5-8.

6. Steckl, C. (2012). Are Compassion and Pride Mutually Exclusive? [¿La compasión y el orgullo son mutuamente excluyentes?]. *American Addiction Centers Inc.* Recuperado de www.mentalhelp.net/blogs/are-compassion-and-pride-mutually-exclusive.

7. Filipenses 3:7-11.

8. Mateo 16:24; 1 Pedro 4:13; Efesios 4:1-3.

9. Filipenses 2:5.

10. Filipenses 2:6-8.

11. Salmos 25:8-9; Proverbios 11:2; Proverbios 22:4; Mateo 6:3-4.

12. 2 Corintios 12:9.

13. Evans, J. B. (citado en Rubin, H., 1998). *Success and Excess* [«Éxito y exceso»]. *Fast Company*. Recuperado de www.fastcompany.com/35583/success-and-excess.

14. Murray, A. (1896) *Humility: The Beauty of Holiness* [Humildad: la belleza de la santidad] (p. 47). Segunda edición. Londres: James Nisbet.

15. Spurgeon, C.H. (1868). Working Out What Is Worked In [Externalizando lo que está en el interior]. Sermón en el Metropolitan Tabernacle, Londres. *Spurgeon Center*. Recuperdo de www.spurgeon.org/resource-library/sermons/working-out-what-is-worked-in#flipbook.

16. Tyndale Bible Dictionary. (2001). Humility [Humildad] (p.618). En *Tyndale Bible Dictionary*. Wheaton, IL: Tyndale.

17. Juan 3:30.

18. Murray, A. (1896). *Humility: The Beauty of Holiness* [Humildad: la belleza de la santidad] (p. 81). Segunda edición. Londres: James Nisbet.

Capítulo 13

1. Filipenses 1:3-6.

2. Isaías 41:10.

3. Korb, A. (2012). The Grateful Brain: The Neuroscience of Giving Thanks [El cerebro agradecido: la neurociencia de dar gracias]. *Psychology Today*. Recuperado de www.psychologytoday.com/us/blog/prefrontal-nudity/201211/the-grateful-brain.

4. Korb, A. (2012). The Grateful Brain: The Neuroscience of Giving Thanks [El cerebro agradecido: la neurociencia de dar gracias]. *Psychology Today*. Recuperado de www.psychologytoday.com/us/blog/prefrontal-nudity/201211/the-grateful-brain.

5. Morin, A. (2015). 7 Scientifically Proven Benefits of Gratitude [7 beneficios científicamente comprobados de la gratitud]. *Psychology Today*. Recuperado de www.psychologytoday.com/us/blog/what-mentally-strong-people-dont-do/201504/7-cientifically-proven-benefits-gratitude.

6. 1 Tesalonicenses 5:16-18.

7. Hechos 9:23, 29; 13:50; 14:5, 19; 15:5, 39; 16:22-23, 39; 17:5-7, 13-14, 18; 21:27-30; 22:24-25; 23:33-27:2; 27:41-28:1; 28:3-5, 14-16.

8. 2 Corintios 11:24-26; Gálatas 2:11-14; 2 Timoteo 1:15; 4:10.

9. 1 Tesalonicenses 5:16-18.

10. Miqueas 6:8; Lucas 18:7; Proverbios 31:9.

11. Filipenses 1:12-14; 18-21.

12. Isaías 55:9.

13. C. S. Lewis, C. S. (2001). *Mero cristianismo* (p.38). Nueva York: HarperCollins Publishers. (Del original en inglés: *Mere Christianity*. Nueva York: HarperOne.

14. Romanos 5:3-5, NVI.

Capítulo 14

1. Carson, D. A. (1999). January 23 [23 de enero]. *For the Love of God, Volume 2: A Daily Companion for Discovering the Riches of God's Word* [Por amor a Dios, volumen 2: una compañía diaria para descubrir las riquezas de la Palabra de Dios]. Wheaton, IL: Crossway Books.

2. Colosenses 3:2.

3. Gálatas 5:13, NVI.

4. Lucas 12:35-36, NVI.

5. Lucas 12:37, énfasis añadido.

6. Hechos 20:35.

7. Génesis 1:28; Mateo 25:14-30; Colosenses 3:23-24.

8. Bergland, C. (2016). *3 Specific Ways That Helping Others Benefits Your Brain.* [3 formas específicas en las que ayudar a los demás le beneficia tu cerebro]. *Psychology Today. Recuperado de* www.psychologytoday.com/us/blog/the-athletes-way/201602/3-specific-ways-helping-others-benefits-your-brain.

9. Wood, J. (2018). Having a Purpose in Life Linked to Better Sleep [Tener un propósito en la vida está conectado con un mejor dormir]. *Psych Central.* Recuperado de https://psychcentral.com/news/2017/07/09/having-a-purpose-in-life-linked-to-better-sleep/122940.html; Gander, K. (2019). People with a Sense of Purpose Live Longer, Study Suggests [Un estudio sugiere que la gente que tiene un sentido de propósito vive más]. *Newsweek.* Recuperado de https://www.newsweek.com/people-sense-purpose-live-longer-study-suggests-1433771.

10. Bergland, C. (2016). *3 Specific Ways That Helping Others Benefits Your Brain.* [3 formas específicas en las que ayudar a los demás le beneficia tu cerebro]. *Psychology Today. Recuperado de* www.psychologytoday.com/us/blog/the-athletes-way/201602/3-specific-ways-helping-others-benefits-your-brain.

11. Lucas 9:23.

12. Hebreos 12:1-2.

13. 2 Corintios 3:18, NVI.

14. Hebreos 12:2-3.

15. Filipenses 2:3-5.

16. Marcos 10:45.

Capítulo 15

1. Filipenses 3:18-21, MSG [Traducción al español de la Biblia parafraseada].

2. Romanos 8:37.

3. Randerson, J. (2012). How Many Neurons Make a Human Brain? Billions Fewer Than We Thought [¿Cuántas neuronas componen el cerebro humano? Miles de millones menos de las que pensamos]. *The Guardian*. Recuperado de www.theguardian.com/science/blog/2012/feb/28/how-many-neurons-human-brain.

4. Lieff, J. (2015). Are Microtubules the Brain of the Neuron» [¿Los microtúbulos son el cerebro de las neuronas?]. *Searching for the Mind*. Recuperado de http://jonlieffmd.com/blog/are-microtubules-the-brain-of-the-neuron.

5. Lieff, J. (2015). Are Microtubules the Brain of the Neuron» [¿Los microtúbulos son el cerebro de las neuronas?]. *Searching for the Mind*. Recuperado de http://jonlieffmd.com/blog/are-microtubules-the-brain-of-the-neuron.

6. McCrone, J. (citado en Church, D., 2007). *The Genie in Your Genes: Epigenetic Medicine and the New Biology of Intention* [El genio de nuestros genes: medicina epigenética y la nueva biología de la intención] (p.141). Santa Rosa, CA: Elite Books.

7. Eclesiastés 1:14.

Capítulo 16

1. Mateo 14:22.

2. Mateo 14:23-33.

3. Church, D. (2018). *Mind to Matter: The Astonishing Science of How Your Brain Creates Material Reality* [*De mente a materia: la asombrosa ciencia de cómo tu cerebro crea la realidad material*]. Edición Kindle, capítulo 7. Carlsbad, CA: Hay.

4. Romanos 12:2, NVI

5. Efesios 2:10.

ACERCA DE LA AUTORA

JENNIE ALLEN es la fundadora y visionaria que está detrás de IF:Gathering, una organización que equipa a las mujeres para conocer a Dios en profundidad y discipular a las mujeres con las que se relacionan. A través de *podcasts* y eventos en vivo, IF ha alcanzado a más de un millón de mujeres en casi doscientos países y tiene a siete mil mujeres liderando encuentros cara a cara en todo el mundo.

Siendo una famosa *podcaster*, Jennie ha enseñado en conferencias como Mujeres de Fe, Catalyst, Q Conference y Send (Junta misionera de Norteamérica). Es autora de varios libros y guías de estudio, incluyendo *Restless* [Impaciente], *Anything* [Nada] y *Nada que demostrar* (Origen, 2017).

Jennie tiene una maestría en estudios bíblicos por el Seminario Teológico de Dallas. Ella y su esposo Zac viven en Dallas, Texas, con sus hijos.